세상에서 가장 쉬운
감정 수업

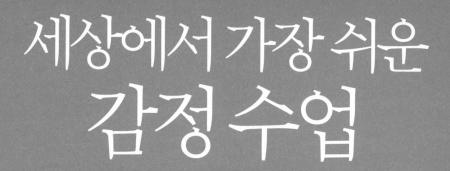

세상에서 가장 쉬운
감정 수업

'부정의 나'에서
'긍정의 나'로 거듭나는
감정 관리법

장샤오헝 지음 | 이지연 옮김

다른
상상

'부정의 나'에서 '긍정의 나'로

톨스토이는 "감정의 욕구대로 움직이는 것은 스스로를 타락시키는 행동이다"라고 말했다. 우리가 살면서 맞닥뜨리는 대부분의 상황에서 내가 그 순간 어떤 감정을 느끼고, 그 감정에 어떻게 대처하는지에 따라 결과는 180도 달라진다.

우울한 기분이 들 때 그 감정에 빠져버리면 의욕도 없고, 하고 싶은 것도 없고, 그러다 보면 집중력도 떨어지고 평소 잘하던 일들에서도 계속해서 실수를 하게 된다. 마음이 초조할 때는 곧 터질 것 같은 시한폭탄을 품은 것처럼 매 순간이 불안하고, 그 불안한 마음으로 인해 모든 일들이 꼬여버리는 악순환에 빠지게 된다. 반면 마음이 편안한 상태를 유지하면 무슨 일을 해도 여유가 있어 일이 순조롭게 흘러가 기분 좋은 상태를 계속 유지할 수 있다. 성취, 명예, 부를 만드는 요인의 80퍼센트가 감정과 관련이 있다는 심리학 연구 결과처럼 우리의 성공과 실패를 좌우하는 것은 바로 감정이다.

겉으로 보면 나를 한없이 지치게 만드는 사람이나 일 때문에 상처를 받는 것 같아도 실제로는 감정을 다스리는 능력에 문제가 있어서 상처받는 경우가 많다. 빌 게이츠, 마크 저커버그 등 세계적으로 성공한 사람들 역시 입을 모아 자신의 성공의 요소로 '감정을 잘 다스리는 능력'을 꼽는다. 그들은 주위에 무슨 일이 생겨도 자신의 내면의 소리에 집중하고 순간의 감정에 휘둘리거나 지배당하지 않는다.

감정 조절 능력에 탁월한 '성격 좋은' 사람들은 어딜 가나 인기를 끌고 주변에 사람들이 모이는 반면, 그렇지 못한 사람은 늘 자신과 타인에게 상처를 입히기 때문에 사람들은 그와 가까이 하길 꺼린다. 감정은 이처럼 부의 성공뿐만 아니라 인간관계를 결정하는 데 매우 중요한 역할을 한다.

우리는 때로 의도치 않게 화를 내거나 자신의 감정을 억제하지 못해 나중에 후회할 일을 저지르고 나서 이렇게 외치기도 한다.

"내가 이렇게 태어난 걸 어쩌라고!"

이처럼 많은 사람은 '욱하는 성격', '예민한 성격', '매사 불안해하는 성격' 등 부정적인 감정과 관련한 자신의 성격은 타고난 것이며, 고치기 어렵다고 생각한다. 하지만 이는 천성이 아닌 매 순간순간 자신의 선택에 의해 만들어지는 모습이며, 고치지 못하는 게 아니라 감정의 패턴과 부정적 감정을 처리하는 방법을 정확히 알지 못하기 때문에 반복되는 것일 뿐이다.

노력해도 성과가 나지 않고, 아무리 애를 써도 상대의 마음을 얻을 수 없어 늘 전전긍긍하고, 남들보다 두 배 세 배 일하는 데도 현실은 늘 제자리걸음인 것 같은 사람들 역시 감정의 덫에 발목이 잡혀 앞으로 나아가지 못하고 있는 것이다.

이 책에는 우리 주변에서 흔히 볼 수 있는 생생한 사례와 연구 결과를 바탕으로 우울함, 불안함, 초조함, 두려움 등 우리의 발목을 잡고 있는 부정적인 감정들을 어떻게 다뤄야 하는지, 또 어떻게 극복할 수 있는지를 다루고 있으며, 지금 당장 실천에 옮길 수 있도록 부정적인 감정에서 벗어날 수 있는 아주 쉽고 간단한 방법만을 선별해 담았다.

때로 주변의 성공한 사람들을 보면 '저 사람은 참 운이 좋네'라는 생각을 한다. 물론 성공은 기회나 타이밍도 중요하지만 성공을 결정하는, 나아가 우리 삶의 질을 결정하는 80퍼센트는 감정이라는 사실을 잊지 말자. 또한 세상에는 절대적 강자도, 절대적 약자도 없으며 강자와 약자를 결정짓는 가장 큰 요소는 바로 감정 조절 능력이다.

삶의 여정에 영원한 그린라이트는 없기에 살면서 감정의 크고 작은 변화는 일어날 수밖에 없다. 그러니 감정의 패턴을 이해하고, 그 패턴을 내가 통제할 수 있어야만 인생의 주도권을 쥘 수 있다.

이 책을 통해 그동안 당신을 괴롭혀온 온갖 부정적인 감정에서 벗어나고, 이를 통해 '부정의 나'에서 '긍정의 나'로 거듭나 일, 관계, 인생의 극적인 변화를 경험해보길 바란다.

차례

PART 01

모든 괴로움은

감정에 휘둘리는 순간 시작된다

감정은
인생의 색을 채우는
물감이다

 왜 어떤 사람은 늘 행복하고, 어떤 사람은 늘 재수가 없을까? 하는 일마다 술술 풀리는 사람이 있는가 하면 하는 일마다 꼬이는 사람도 있다. 왜 그럴까?

 이는 감정의 지속성 때문이다. 기분이 좋지 않으면 모든 상황에 부정적이고 소극적인 태도로 임하기 때문에 실수를 저지를 확률이 높을 수밖에 없으며, 그로 인해 좋지 않은 결과가 발생하고, 이는 다시 부정적인 감정을 불러일으키는 악순환이 발생하는 것이다.

H는 아침부터 저기압이다. 아이가 늦잠 자는 바람에 회사에 지각해서 상사에게 한소리 들었기 때문이다. 그녀는 기분이 좋지 않아서인지 일이 손에 잡히지 않아 결국 업무를 제때 끝내지 못했고 야근까지 하게 되었다. 겨우 일을 마치고 집에 돌아오니 아이가 학교에서 말썽을 피워 부모님을 모시고 오라는 이야기를 들었다. 순간 화가 치밀어 오른 H는 감정을 주체하지 못하고 아이에게 버럭 화를 냈다. 그녀는 바로 후회했지만 기분은 한없이 우울해졌고, 모든 일이 풀 수 없는 실타래처럼 꼬여버린 것만 같았다.

마음이 괴로울 때는 눈앞의 모든 일이 부정적으로 느껴지고, 그동안 잘해왔던 일조차도 그르치게 된다. 반면 마음이 즐거울 때는 보다 적극적으로 일하게 되고, 자연스레 뿜어져 나오는 밝은 에너지가 주변 사람들에게도 전해져 긍정적인 관계를 맺게 된다.

이처럼 감정은 우리 삶에 큰 영향력을 발휘한다. 심리학에서는 '감정'을 의식 과정에서 생겨나는 외부 사물에 대한 태도이며 관계에 대한 반응이라고 말한다. 여기에는 무언가를 느끼고, 표현하고, 받아들이는 모든 과정이 포함된다. 즉 감정은 주변 환경과 끊임없이 영향을 주고받으며 자신뿐만 아니라 주변 사람들과의 관계, 그리고 일에까지 영향을 끼친다.

그렇다면 하는 일마다 뜻대로 풀리지 않는 악순환은 어떻게 피할 수 있을까? 최선의 방법은 악순환의 연결 고리를 끊는 것이다. 그를 위해서는 관심을 다른 곳으로 분산시키는 것이 가장 좋은 방법이다. 고민이 있거나 기분이 좋지 않을 때 폐쇄적인 환경에 있으면 부정적인 일을 떠올리기 쉽고 기분은 점점 더 나락으로 떨어진다.

지금 우울함, 불쾌함 등의 부정적인 감정에 휩싸여 있다면, 그 감정에 집중하려 하거나, 혹은 벗어나기 위해 애쓰기보다는 그냥 그대로 내버려 둔 채 다른 활동을 시작해보라. 다른 활동에 집중한 채 시간을 보내다 보면 이전에 나를 괴롭게 하던 우울함, 불쾌함 등의 감정이 희미해져 가는 것을 느낄 수 있다. 또한 마음속에 가득 차 있던 괴로움이 점차 희석되고, 나를 괴롭히던 고민들도 그저 삶의 작은 일부라는 것을 느끼게 된다.

여기서 더 나아가 마음속 괴로움의 원인을 찾아 문제를 해결하는 것도 좋다. 괴로움의 근원을 찾아 그에 맞는 해결책을 찾아보는 것이다. 이를 통해 심리적 문제가 해결된다면 가장 좋겠지만 마땅한 해결책을 찾지 못했다 해도 그 과정을 통해 상황을 좀 더 객관적으로 바라보고, 판단할 수 있게 된다.

인생이 팔레트라면 감정은 팔레트를 채워가는 물감과 같다. 감정이라는 물감으로 우리는 자기만의 인생의 색을 만들어가는 것이다. 따라서 감정을 정확하게 이해하고, 적절히 활용할 수 있어야만, 각자 원하는 색으로 자신의 인생을 채워갈 수 있을 것이다.

감정에
지배당하지 않는
세 가지 방법

자신의 감정을 잘 다스릴 수 있다면 감정을 인생의 훌륭한 조력자로 만들 수 있지만, 감정을 다스리는 방법을 알지 못하면 우리는 순식간에 감정에 지배당하게 되고, 감정이라는 덫에 걸려 인생의 주도권마저 빼앗기게 된다.

case 요즘 들어 이유 없이 짜증이 나는 직장인 Z. 그는 자신의 감정을 어떻게 컨트롤해야 할지 몰라 그저 답답할 뿐이다. Z는 이런 부정적인 감정에 신경을 곤두세우다 보니 일에 집중하지 못하고,

업무 실적은 날로 떨어져, 결국 상사에게 질책을 받았다. 안 그래도 심적으로 괴로웠던 Z는 상사에게 꾸지람을 듣자 솟구치는 화를 참지 못하고 "제가 사표 쓰면 될 거 아닙니까!"라고 소리치며 사무실 문을 박차고 나왔다. Z는 집에 돌아와 마음을 진정시키고 나서야 자신이 저지른 일을 후회했지만 이미 엎질러진 물이었다. 순간의 감정에 휘둘린 Z는 졸지에 실직자 신세가 되고 말았다.

영국의 철학자 허버트 스펜서(Herbert Spencer)는 "관점은 결국 이성이 아닌 감정에 의해 결정된다"라고 했다. 즉 감정은 우리의 사고방식과 행동에 영향을 미쳐 상황의 흐름에 결정적인 역할을 한다. 감정에 따라 상황이 좋은 방향으로 흘러갈 수도, 나쁜 방향으로 흘러갈 수도 있는 것이다. 실제로 우리는 기분이 좋으면 다소 어려운 부탁도 기꺼이 들어주지만, 기분이 좋지 않을 때는 물건 좀 건네 달라는 지인의 가벼운 부탁에 심기가 불편해지기도 한다.

이는 감정이 일상생활에 결정적 영향을 미친다는 허버트 스펜서의 관점을 뒷받침하는 근거가 된다. 그러므로 우리는 자신의 감정을 적절히 통제하고 변화시키는 방법을 배워, 감정을 인생의 조력자로 만들 수 있어야 한다.

(case) 회사에 갓 입사한 B는 어느 날 자신이 동료들에게 따돌림을 받고 있다는 사실을 알게 되었다. 그는 순간 기분이 매우 나빴지만 자신의 불쾌한 감정이 업무에 영향을 미치지 않도록 최대한 일에 집중했다. 집에 돌아온 그는 하루 동안 기분 나빴던 일들을 일기에 쓰고, 좋아하는 노래를 들으며 마음을 안정시켰다. 그리고 혼잣말을 하며 스스로를 격려했다.
"그래, 내가 너무 뛰어난 인재라 다들 나를 질투하는 거야!"
기분이 한결 나아진 B는 다음 날 최상의 컨디션으로 출근했다. 그리고 하루하루 시간이 지날수록 동료들은 B의 한결같이 밝은 모습에 점차 매료되었고, B의 주변에는 사람이 많아지면서 그는 더욱 활기차고 즐거운 회사 생활을 하게 되었다.

B는 일기 쓰기라는 자기만의 방법으로 부정적 감정을 통제하는

방법을 터득했다. 그러나 우리 주변에는 여전히 방법을 알지 못해 부
정적 감정에 휩싸인 채 일을 그르치거나, 관계를 엉망으로 만드는 사
람이 많이 있다. 지금 이 책을 읽는 당신 역시 이에 해당하는 사람이라
면 우선 다음의 세 가지 방법을 기억해두자.

첫째, 부정적 감정이 존재하는 자리는 우선 피하라. 예를 들어 누
군가와 이야기를 나누던 중 상대방의 말에 기분이 상했다면 최대한
빨리, 일단 그 자리에서 벗어나야 한다. 감정은 환경에 따라 달라지므
로, 외부 환경의 자극으로 불쾌함을 느꼈을 때는 일단 그 자극으로부
터 멀어져야 한다.

둘째, 단 3초면 참사를 막을 수 있다. 우리는 때로 감정이 격해진
상태에서 후회할 만한 일을 저지르곤 한다. 이런 참사를 막으려면 어
떤 상황에서든 속으로 딱 3초만 세어 보라. "참을 인(忍) 자가 셋이면
살인도 면한다"라는 말도 있지 않은가. 단 3초, 깊게 심호흡을 하면 폭
발할 것 같은 감정에서 한 걸음 물러서게 되고, 이 방법을 꾸준히 실천
하다 보면 발끈했던 상황들이 그리 최악의 상황은 아니었음을 깨닫게
될 것이다.

셋째, 감정의 티끌은 절대 모으지 마라. 우리는 감정을 적절하게
발산해 마음속에 부정적인 감정의 찌꺼기가 쌓이는 것을 막아야 한

다. 부정적인 감정이 쌓이다 보면 자신도 모르게 어느 순간 갑자기 폭발해 상대뿐 아니라 자기 자신에게도 상처를 준다. 예를 들어 둘이서 대화를 잘 나누다가 상대가 건넨 짓궂은 농담 한마디에 갑자기 노발대발하며 과하게 화를 내고, 결국 싸움으로 이어지는 경우가 종종 있다. 이는 평소에 켜켜이 쌓여 있던 부정적인 감정들이 상대방의 농담 한마디에 발화되어 한순간에 폭발한 것이다. 그러니 마음속에 부정적 감정들이 곪은 상처로 남지 않도록, 감정의 티끌들은 언젠가는 결국 큰 화를 불러일으킬 수 있다는 사실을 기억하고, 자신의 감정을 상황에 맞게 적절히 표출하는 연습을 시작해보자.

'기분 좋은 척하기'의
힘

살다 보면 기분 나쁜 일을 겪기도 하고 또 아무 일 없이 괜히 짜증이 날 때도 있다. 그럴 때마다 부정적인 감정에 휘말리다 보면 그 감정이 주변 사람들에게까지 영향을 미쳐 관계가 악화되기도 한다.

case C는 자신의 기분을 숨기는 데 서툴다. 어느 주말, 멀리서 그를 만나러 오겠다는 친구의 전화를 받고 신이 난 C는 약속 시간이 한참 남았지만 마중 가기 위해 일찌감치 집을 나섰다. 그런데 주말이라 택시가 좀처럼 잡히지 않아 어쩔 수 없이 불법 개인택

시를 탔고 결국 택시 요금 덤터기를 쓰게 되었다. 이에 잔뜩 기분이 상한 C는 친구를 만나서도 불쾌한 기색을 감추지 못했다. C의 시종일관 굳은 얼굴은 친구와 만나는 내내 분위기를 어색하게 만들었다. 친구는 C가 자신에게 불만이 있는 줄 알고 어색한 대화만 몇 마디 나누다가 "급한 일이 있어 가야겠다"고 말했다. 친구가 서둘러 자리를 뜨려 하자 C는 친구를 만나러 서둘러 달려온 자신의 성의를 무시한다는 생각에 화가 치밀어 올라 친구를 애써 붙잡지 않았다. 결국 이 일은 두 사람 마음속에 앙금으로 남아 자연스레 서로 연락도 점점 뜸해지고 사이도 멀어져 버렸다.

누군가는 기분 좋은 척하는 것은 상황을 바로 보지 않은 채 자신의 감정을 외면하는 것이라고 말한다. 하지만 기분 좋은 척하기가 우리의 정서에 긍정적인 영향을 미친다는 것은 명백한 사실이다. 사람의 기분은 지속성을 띤다. 기분 나쁜 일이 생기면 종일 언짢은 마음을 떨쳐내지 못하는 것처럼, 기분은 이후의 일과 생활에 크고 작은 영향을 미치고, 자칫하면 언짢은 기분으로 인해 또 다른 악재가 벌어지는 악순환에 빠질 수도 있다.

그러나 기분이 안 좋을 때 오히려 기분 좋은 척을 한다면 주변 사람들은 당신의 밝은 에너지에 끌려 가까이 다가올 것이고, 일도 더욱 순조롭게 진행될 것이다. 이는 결국 당신을 안 좋았던 기분에서 벗어나게 하고, 좋은 기분의 선순환을 만들 것이다.

그렇다면 우리는 일상생활 속에서 '기분 좋은 척하기'의 철학을 어떻게 실천할 수 있을까?

먼저 밝은 척하는 법을 익혀 항상 웃음을 잃지 않도록 해보자. 늘 안 좋은 일들만 일어난다고 해도 이를 긍정적인 마인드로 대해보는 것이다. 만약 몸이 안 좋을 때 친구가 놀러 왔다고 가정해보자. 이때 잔뜩 죽상을 하고 있다면 친구는 당신 눈치를 보며 불편한 시간만 보내다 돌아갈 것이다. 반면 시작은 억지로일지라도, 기분 좋은 척하며 친구를 대하면 어느새 진짜 기분이 좋아지고 서로 즐거운 시간을 보낼 수 있게 된다.

둘째, 고민을 내려놓고 아무렇지 않은 척해보자. 고민이 있을 때는 무슨 일을 해도 잘 풀리지 않는다. 이는 우리의 모든 생각이 고민에 지배당했기 때문이다. 사람들은 하루하루를 즐겁게 보내고 싶어 하면서도 정작 삶의 고민을 떨쳐내지 못하고 끙끙 앓곤 한다. 사실 고민 자체가 문제가 아니라 고민을 대하는 우리의 태도가 행복을 가로막는다. 고민에 빠져들수록 고민이 가져오는 악영향도 눈덩이처럼 불어난다. 하지만 우리가 우리의 고민에 무관심으로 일관한다면 고민은 아무런 힘도 쓰지 못할 것이다.

셋째, 호탕한 웃음소리로 일상을 채워보자. 진심 어린 웃음은 상대의 마음을 열게 하는 힘이 있다. 친구들이나 동료들과의 사적인 자리에서 큰소리로 웃는 것도 좋고, 집에서 거울을 보고 시원하게 웃는 연습을 해보는 것도 좋다. 시원한 웃음은 다른 사람뿐 아니라 자신의 마음까지 움직여 온종일 좋은 기분을 유지하게 만든다.

'기분 좋은 척하기'의 힘을 적극 활용해 자신을 즐거워 보이게 하라. 즐거운 에너지는 전염성이 매우 강해 주변 사람에게 쉽게 퍼지고, 이는 결국 자신에게 되돌아와 '가짜 웃음'을 '진짜 웃음'으로 만든다는 사실을 기억하자.

미움받기 싫은
감정은
이기심에 불과하다

"그 사람은 왜 나를 싫어할까? 내가 어떻게 해야 그가 나를 좋아할까?"

때로 우리는 누군가에게 미움받는 것을 견디지 못하고 상대의 비위를 맞추려 갖은 애를 쓰곤 한다. 하지만 내가 아무리 노력해도 상대의 태도는 바뀌지 않고 오히려 반감만 더 사는 경우가 있다.

case 인턴사원 B 씨. 그는 일을 시작한 지 얼마 지나지 않아 동료 중 한 명이 자신에게 불만이 있다는 것을 알게 되었다. B는 동료들과 원만하게 지내기를 원했기 때문에 그 동료의 비위를 맞추고자 애썼고 때로는 회사에 가져간 간식을 가장 먼저 갖다 주기도 했다. 하지만 B의 이러한 노력에도 불구하고 그는 태도를 바꾸기는커녕 예전보다 더 냉랭해졌고 두 사람의 관계는 갈수록 나빠지기만 했다. 이에 B는 억울함을 감추지 못했고, 결국 마음의 깊은 상처로 남았다.

모든 사람을 다 만족시킬 수 있는 사람은 없다. 때로는 가만히 있어도 누군가의 미움을 사기도 한다. 또 이렇게 누군가에게 한번 미운털이 박히면 어떤 노력을 해도 상대의 곱지 않은 시선을 받게 된다. 그에게 선물을 주면 자신을 매수하려 한다고 오해하고, 도와주면 알량한 선심을 베푼다고 비난하며, 그에 대해 칭찬하면 위선적이라고 생각한다. 내가 아무리 노력해도 상대의 태도는 쉽게 바뀌지 않는다.

현실이 이렇다면 자신을 미워하는 사람에게 잘 보이기 위해 시간 낭비하기보다는 그들을 무시하고 자신의 삶에 집중하는 것이 낫지 않을까?

(case) Y가 무슨 연유로 옆집 사람의 미움을 샀는지는 모르지만, 언젠가부터 옆집 사람이 여기저기 그의 험담을 하고 다녔다. 하지만 Y는 이를 알고도 억울해 하거나 사람들에게 일일이 해명하기는커녕 평소처럼 편안한 마음으로 하루하루를 보냈다. 옆에서 이를 지켜본 Y의 친구는 노발대발하며 그냥 보고만 있지 말고 당장 가서 더이상 유언비어를 퍼뜨리지 못하게 하라고 다그쳤다. 이에 Y는 미소를 지으며 말했다.

"나는 다른 이웃들과 늘 사이가 좋았어. 내가 어떤 사람인지는 모두 잘 알고 있을 거야. 누군가 거짓으로 꾸며낸 말을 쉽게 믿을 사람들이 아니야. 즐거운 일만 하기도 바쁜데 그런 한가한 사람까지 상대할 시간이 어디 있니?"

Y의 말대로 시간이 지나도 주변 이웃들은 옆집 사람의 거짓말에 넘어가지 않았고 평소처럼 그와 좋은 친분을 유지했다.

모든 것에는 양면이 있다. 우리가 무언가를 했을 때 누군가는 좋아하겠지만, 누군가는 싫어할 수 있다. 그럴 때 자신을 미워하는 사람의 눈치를 살피며 그의 마음을 돌리려는 데만 전념해 애를 쓴다면, 그의 마음을 돌리기는커녕 원래 자신을 좋아했던 사람들과의 관계마저 거리가 멀어질 수 있다. 그러므로 상대의 마음을 얻지도 못하는 일에 부질없는 노력을 하느니 자신을 좋아하는 사람들에게 집중하는 게 어떨까?

그를 위해서는 첫째, 남의 시선을 의식하지 말아라. 따지고 보면 나를 미워하는 사람이 있다고 해서 그게 내 삶에 큰 영향을 끼치는 것도 아닌데 뭐하러 감정 소모하며 스트레스를 받는가. 이제 남 시선은 의식하지 말고 시야를 넓혀보자. 내가 행복하면 그걸로 충분하다.

둘째, 미움받기 싫은 감정은 이기적인 마음이라는 것을 기억하라. 자신을 미워하는 사람이 있다는 것을 알면 사람들은 왜 그렇게 심각한 고민에 빠지거나, 상처를 받거나, 분노하는 걸까? 사실 이런 감정은 이기주의의 또 다른 형태다. 모두가 나를 좋아했으면 좋겠고, 모두에게 사랑받고 싶은 이기심일 뿐이다.

사람이라면 누구나 자신에 대한 나쁜 평판을 듣기 싫어한다. 그러나 누구에게나 좋은 사람일 수는 없다. 누군가 나에게 불만이 있다는 걸 알게 되면 기분은 상하겠지만, 이 불쾌한 감정은 얼마든지 극복할 수 있다. 나에 대한 타인의 시각을 바꾸는 건 어려운 일이니, 스스로를 변화시키는 것이다. 모두에게 사랑받겠다는 이기적인 마음은 버리고,

좀 더 관대하고 긍정적이며 사소한 일에 목숨 걸지 않는 포용력과 자신감을 겸비한 사람으로 말이다.

셋째, 적당히 거리를 두라. 나를 비호감으로 여기는 사람들과 약간의 거리를 두자. 누군가 자신을 미워하는 것을 알았다면 일단 그 사람에게서 눈을 떼고 관대한 마음을 갖는 것이 좋다. 이는 서로의 갈등이 격화되는 것을 막을 뿐 아니라 당신의 너그러운 행동이 오히려 주위의 호감을 살 수도 있다. 또한 눈에서 멀어지면 마음에서도 멀어지듯이 자신을 미워하는 사람과 적당한 거리를 두면 상대가 나를 미워할 여지도 줄어들 수밖에 없다.

"즐거워도 하루, 슬퍼도 하루"라는 말이 있다. 날마다 시간은 한정되어 있는데 불쾌한 일, 나를 불편하게 하는 사람을 생각하느라 시간을 허비한다면 행복을 마주할 시간은 그만큼 적어지기 마련이다. 불쾌한 일이나 주변 사람을 신경 쓰는 데 감정을 소모하기보다는 즐거운 일에 집중하는 것, 이것이야말로 감정 통제의 지름길이다.

지금 당장
기분이 좋아지는
작은 행동들

'아… 내 인생은 왜 이렇게 지겨울까?'

'사는 게 너무 재미 없고 힘드네.'

우리가 때로 인생에 낙이 없다고 느끼는 것은 즐거운 일이 생기지 않아서가 아니라 우리 스스로 인생을 즐기려 하지 않기 때문이다.

case 항상 에너지가 넘치는 C는 늘 뭔가 좋은 일이 있는 사람처럼 웃음을 잃지 않는다. 어느 날 컴퓨터로 영화를 보며 웃고 있는 C를 보며 친구가 그냥 지나치지 못하고 한마디 던졌다.

"이거 쓰레기 같은 영화라고 인터넷에서 난리던데, 넌 도대체 뭐가 그렇게 재밌어?"

C는 대답했다.

"나도 알지. 근데 돈을 그렇게나 많이 들여서 아무도 보지 않을 이런 B급 영화를 만들었다는 게 너무 황당해서 오히려 재밌잖아. 댓글들도 너무 웃기고 말이야."

이에 친구는 언제 어디서든 즐거움의 포인트를 찾아내는 C의 능력에 또 한 번 감탄했다. 그 후로도 언제나 기분 좋은 C의 해피 바이러스 덕분에 그의 주변에는 친구들이 늘 북적였다.

기분 좋은 상황에서는 일의 능률을 크게 높일 수 있고, 주변 사람들에게 행복 에너지를 전달할 수 있다. 행복 에너지를 지닌 사람과 함께 있으면 사람들은 편안함을 느끼게 되고, 자연스레 그와 좋은 관계를 맺고자 노력하며, 그가 어려움에 처하면 기꺼이 도움을 주고자 한다. 그렇다면 날마다 즐겁고 행복한 기분을 유지할 수 있는 에너지의 비결은 무엇일까?

첫째, 자신이 좋아하는 일을 찾아보자. 사람들이 지루함을 느끼는 것은 그들에게 구체적인 목표가 없기 때문이다. 자신이 진정 원하는 것이 무엇인지 모르기 때문에 어떻게 하면 스스로가 즐거워지는지를 알지 못하는 것이다. 그러므로 자신이 무엇을 원하는지 마음의 소리에 귀를 기울여보라. 자신이 좋아하는 일을 하면 삶의 만족도가 높아지고 새로운 즐거움을 경험할 수 있다.

둘째, 마음속 괴로움과 걱정거리를 털어놓자. 심적 괴로움을 밖으로 표출하고 고민을 털어놓는 것은 내면의 갈등을 해소하는 데 큰 도움이 된다. 그렇다고 꼭 특정 대상에게 자신의 감정을 발산할 필요는 없다. 일기를 써서 괴로움을 표출할 수도 있고, 노래를 들으며 마음을 안정시킬 수도 있다. 또 격려의 글이 담긴 책을 읽으며 인생에 대한 또 다른 관점을 배울 수도 있다.

이제 일상 속 즐거움을 찾는 데 집중해 에너지를 쏟아보자. 인생의 행복지수는 자연스레 높아질 것이다.

PART 02

사소한 일에 욱하고 후회하는 습관에서

벗어나는 법

홧김에 돌부리를 걷어차면
내 발만
아플 뿐이다

때로 사람들은 갖가지 이유로 순간 분노하고 이성을 잃어 의도하지 않은 행동을 하곤 한다. 이는 다른 사람뿐 아니라 자신에게도 백해무익하다.

case 어느 날 쇼핑몰 직원 T는 한 고객에게 컴플레인을 받았다. 자신이 쇼핑몰에서 산 물건에 문제가 있다며 반품을 요구한 것이다. 상황을 파악해보니 제품에 문제가 있는 것이 아니라 고객의 사용법이 잘못되었다는 것을 알게 되었다. T는 이 사실을 바로 고객에게 알리고 올바른 사용법을 설명했다. 하지만 고객은 수긍하지 않고 사용법이 복잡하다며 환불해달라고 고집을 부렸다. T는 최대한 친절함을 유지하려 노력했지만 시종일관 무례한 태도로 일관하는 고객의 반응에 화를 참지 못해 급기야 언성을 높였고, 두 사람의 언쟁이 오가자 사람들이 하나둘 모여 구경하기 시작했다. 이 소식을 들은 쇼핑몰 사장은 급히 달려와 고객을 진정시키고 난 후 그 자리에서 바로 C를 해고했다. 그 후 C는 다른 쇼핑몰에 일자리를 구하려 했지만 '손님과 싸운 직원'이라는 주홍글씨 때문에 가는 곳마다 번번이 거절당하고 말았다.

분노에 이끌려 비이성적인 행동을 하는 것은 마치 묵직한 돌덩이를 발로 걷어차는 것과 같다. 돌은 꿈쩍도 하지 않는데 자신의 발만 다치는 어리석은 행동인 것이다. 그러므로 아무리 화가 솟구쳐도 최대한 평정심을 유지하려는 노력이 필요하다.

 고객 서비스팀 직원 B는 어느 날 한 고객의 제품문의 전화를 받앗다. 그런데 B의 설명이 끝난 후에도 고객은 잘 이해하지 못했다면서 다시 한번 설명을 해달라고 요청했다. 이에 B는 처음부터 차근차근 다시 설명했지만 고객은 여전히 이해가 가지 않는다고 불만을 늘어놓았다. 고객의 이러한 행동은 분명 업무 방해에 해당했지만 당시 회사 규정상 고객 전화를 먼저 끊을 수는 없었다. 그래서 B는 마음을 추스르고 고객에게 재차 설명했다. 이 과정에서 고객은 수차례나 B의 화를 돋우었지만, B는 끝까지 감정을 조절하며 친절함을 잃지 않았고, 결국 고객은 재미없다는 듯 전화를 끊었다. 그 후 회사는 고객 서비스팀의 통화 내용을 모니터링하는 과정에서 B의 자제력을 높이 평가하고 그를 팀장으로 발탁했다.

위의 사례에서는 B의 탁월한 감성 소설 능력이 돋보인다. 분노 상태에서 저지르는 언행은 문제 해결에 아무런 도움도 되지 않을 뿐더러 본래 취지와 달리 걷잡을 수 없이 일만 꼬이게 만든다. 또한 분노가 치솟으면 노기(怒氣)가 대뇌에 충격을 주기 때문에 문제를 냉정하게 판단하지 못하게 된다. 분노 상황에서 자신의 행동을 통제할 수 없는 것도 바로 이 때문이다.

뿐만 아니라 분노는 건강에도 부정적인 영향을 끼친다. 의학적 분석에 따르면 신체 상태는 감정과 직결되어 있어 장기간 분노 상태가 지속되면 신경계 교란, 집중력 저하, 이성적인 사고 상실, 신경 쇠약, 불면증 등을 일으키기 쉽다. 또한 분노에 휩싸이면 무의식적으로 말을 내뱉어 상대에게 상처를 주거나 상대의 화를 자극하게 된다. 결국 쌍방의 분노에 모두 불이 붙으면 원치 않는 결과를 초래할 수 있다.

물론 세상에는 화나는 일들이 넘쳐나지만, 그중 화낼 가치가 있는 일들은 정작 많지 않다. 대수롭지 않은 사소한 일에 얽매여 화내는 것만큼 어리석은 일은 없다. 다른 사람이 뱉어낸 화를 날름 삼키면 그 화는 다시 구역질처럼 올라오지만, 그것을 무시하면 화는 자연스레 공중분해된다.

순간적으로 욱하는 분노를 가라앉히는 것은 자기 자신뿐 아니라 모두의 평화를 위한 길임을 명심하자.

분노가 자신을 통제하기 전에
먼저
분노를 통제하라

"그 사람이 날 열받게 하니까 싸우지!"

때로 사람들은 자신의 화를 외부 환경 탓으로 돌리며 자신의 잘못을 책임지지 않으려 한다.

case 항상 화를 잘 내는 K는 걸핏하면 남자친구와 다툰다. 지금까지 두 사람은 숱한 이별의 위기를 겪으며 늘 위태로운 관계를 유지해왔다. 옆에서 이를 지켜본 친구가 K에게 조심스레 충고했다.

"이제 화내는 것 좀 자제해. 그러다 정말 남자친구랑 헤어지면 어쩌려고 그래?”

사실 K도 매번 남자친구와 다투고 나서 후회하긴 했지만 친구의 충고를 귀담아듣지 않았다.

“나도 싸우는 거 지긋지긋해. 하지만 걔가 하는 행동들을 봐. 걔가 날 열받게 하지 않으면 싸울 일도 없지.”

이 말을 들은 친구는 더이상 아무런 대꾸도 하지 않았다. 그 후 K의 화내는 버릇은 점점 심해졌고 화를 낸 후에는 늘 모든 책임을 남자친구에게 떠넘겼다. 이를 견디지 못한 남자친구는 결국 그녀 곁을 떠났다.

사실 분노는 쌍방의 문제이며 대부분 양쪽 모두 책임이 있다. 설사 100퍼센트 상대의 잘못이라고 해도 그것을 분노로 되갚는다면 무엇을 얻을 수 있겠는가?

자신이 분노하는 이유를 환경 탓으로 돌리지 마라. 외부 환경이 우리의 심기를 건드릴 수는 있지만 그렇다고 제멋대로 분노를 분출하는 명목이 될 수는 없다.

평소 분노 조절에 어려움을 느끼는 사람이라면, 먼저 화를 유발하는 상황을 피하고, 편안함을 느끼는 환경을 찾아 화내는 기회를 사전에 차단해보자. 환경이 감정에 미치는 영향을 피하기는 어려우니, 자신을 편안하게 해줄 환경을 미리 찾아보는 것이 좋다. 자신이 좋아하는 환경에서는 상대적으로 마음이 여유로워져서 다른 사람이 불쾌한 행동을 해도 가볍게 넘길 수 있기 때문이다.

둘째, 의도치 않게 분노할 수밖에 없는 환경이나 상황에 부딪혔다면 다른 곳으로 주의를 돌려보자. 순간 주의를 돌리는 것만으로 나중에 후회할 일을 미리 방지할 수 있다.

순간 감정에 욱해 화를 내는 것은 다른 사람뿐 아니라 스스로에게도 큰 상처가 된다. 그러니 이제 마음의 화를 다스리는 법을 통해 상처로 남을 행동을 하는 실수는 더이상 저지르지 말자.

마지막으로 프랑스의 대문호 빅토르 위고(Victor Hugo)는 "세상에서 가장 넓은 것은 바다이고, 바다보다 더 넓은 것은 하늘이며, 하늘보다 더 넓은 것은 바로 사람의 가슴이다"라고 말했다. 우리가 하루아침에 바다 같은 포용력을 갖기는 어렵지만 주변의 작은 일에서부터 시작해볼 수는 있다. 상대방의 분노에 보다 이성적이고 너그럽게 대응해보자. 그러면 상대방도 자신을 되돌아보게 되고 갈등은 자연스럽게 해소될 것이다.

살다 보면 크고 작은 갈등이 생기기 마련이며 의도치 않게 상대방의 심기를 건드리기도 한다. 하지만 상대가 분노할 때마다 분노로 대응하면 서로의 관계가 틀어지는 것은 물론 자신에게도 큰 해를 입힌다. 이럴 때일수록 너그러운 포용력을 가져보자. 이것이 당장 문제를 해결하지 못한다 해도 최소한 내 심신의 건강만큼은 보장해줄 것이다.

우리는
왜
욱하는 걸까?

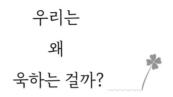

"우리는 왜 욱하는 걸까?"

이 질문에 대한 대답은 사람마다 다르겠지만 크게 외부 자극과 자제력, 이 두 가지로 압축할 수 있다.

case S는 회사에서 맡은 프로젝트 때문에 며칠 동안 밤낮으로 쉬지 않고 일하는 중이다. 잠도 제대로 못 자고 대충 끼니를 때우면서 생활하다 보니 컨디션이 바닥을 쳤다. 이 모습을 본 동료는 안쓰러운 마음에 S의 기분을 풀어줘야겠다 싶어 장난스럽게 말을 건넸다.

"너 계속 이렇게 일만 하면 네 와이프가 도망가겠다야."

이 말을 들은 S는 며칠 전 아내와 싸웠던 일이 떠올랐고, 순간 화가 치밀어 올라 동료에게 버럭 화를 냈다. 동료는 무안해진 마음에 아무 말도 하지 않고 자리를 떠났다. 친구가 그렇게 가버리자 S는 순간 후회가 밀려왔다. 동료가 자신이 걱정되어 한 말이라는 것을 알았지만 순간의 화를 억제할 수 없었던 것이다.

외부 자극에 어떻게 대처해야 하는지에 대해서는 앞에서 이미 설명했으므로 더이상 언급하지 않겠다. 그렇다면 욱하는 걸 막아주는 자제력은 어떻게 기를 수 있을까?

자제력을 기르려면 우선 건강한 정신 상태를 유지해야 하는데, 가장 효과적인 방법은 질 좋은 수면과 식습관이다. 이로써 최상의 컨디션과 좋은 기분을 유지하게 되면 심적 여유가 생겨 분노의 버튼이 눌릴 일이 확연히 줄어들게 된다.

뿐만 아니라 분노의 씨앗은 마음속에 담아두지 말고 다른 곳으로 계속해서 전이시켜야 한다. 주기적으로 불만을 표출해 궁극적으로

'무아(無我)'의 상태가 되도록 마음을 비워보자. 이를 연습하다 보면 자제력과 포용력이 크게 향상될 것이다.

마지막으로 욱하는 것은 자신감 결여와 관련이 있다. 누군가 자신에 대해 부정적 평가나 시선을 보내면 우리는 쉽게 불쾌해하거나 화를 낸다. 하지만 성공한 사람들을 보면 그들은 외부의 시선을 크게 의식하지 않는다. 내면을 자신감으로 무장하는 것, 이는 타인의 시선에 흔들리지 않고, 어떤 상황에서도 순간의 화를 자제할 수 있는 묘약이라 할 수 있다.

분노를 적절히 통제하는 사람은 늘 유리한 패를 얻지만, 분노를 통제하지 못하는 사람은 어떤 상황에서도 패자가 될 수밖에 없다는 사실을 기억하라.

분노를
잠재우는
세 가지 방법

화가 나면 상대의 분노를 계속 자극해 갈등을 끝까지 몰고 가는 사람들이 있다.

(case) 점심시간에 책상에 엎드려 잠시 쉬고 있는 Z를 동료가 흔들어 깨웠다. 그러자 잠에서 깬 Z는 신경질적으로 반응했다.

"왜 이래?"

동료는 원래 Z와 상의해야 할 중요한 일이 있었는데, Z의 반응에 갑자기 기분이 상해서 그 역시 차갑게 대응했다. 그러자 더욱 불쾌해진 Z는 속으로 생각했다.

'아니, 자는 사람 깨워놓고 저 말투는 뭐야!'

서로 예민해진 두 사람이 갑자기 언성을 높이자 동료들은 깜짝 놀라 수군거렸다. 이 일이 있은 후 두 사람은 서로 말도 섞지 않는 관계가 되고 말았다.

비우호적인 태도로 상대를 대하면 상대도 냉담한 반응을 보이게 되고 갈등의 골은 더욱 깊어질 수밖에 없다. 반면 먼저 온화한 태도를 보이면 갈등이 생길 일이 있어도 상대 역시 무례한 언행을 삼가게 되어 문제는 원만하게 해결된다. 태도가 모든 것을 결정한다는 것을 잊지 말자.

case 고객센터에서 일하는 G는 어느 날 고객의 항의를 받았다. 고객은 제품에 분명 문제가 있는데 G가 소비자를 속이고 있는 거라며 다짜고짜 언성을 높이며 따졌다. G는 순간 화가 치밀었지만 최대한 침착함을 유지하며 고객에게 구체적인 상황 설명을 부탁했다. 고객은 당연히 화를 낼 거라 생각한 G가 예상과 달리 우호적으로 나오자 격앙된 말투를 누그러뜨리며 제품의 문제를 차근차근 설명했다. 결국 두 사람은 대화를 통해 합의점을 찾았고 문제는 순조롭게 해결되었다. 이를 계기로 회사에서는 침착하게 고객을 응대한 G의 역량을 높이 평가했고, 이후 인사평가에서 좋은 결과를 얻을 수 있었다.

화가 치밀어 오를수록 억지로라도 온화한 태도를 유지하고자 하면 어느새 감정이 통제되어 비이성적인 행동을 막을 수 있다.

분노가 올라오는 게 느껴질 때는 우선 자신을 화나게 하는 사람이나 일에 대한 생각을 멈춰라. 우리가 살면서 분노를 느끼는 이유는 대부분 자신이 어떤 사람이나 일에 지나치게 얽매여 있기 때문이다. 나의 마음을 옥죄는 일들을 내려놓으면 우리 삶에 꼭 필요한 일들이 하나둘 눈에 보이고, 더이상 하찮은 일에 에너지를 낭비할 필요가 없다는 것을 깨닫게 될 것이다.

둘째, 혹시 모를 충돌을 피할 수 있도록 마음에 휴식시간을 주자. 우리는 분노에 휩싸이면 무의식적으로 본의에 어긋나는 말이나 행동을 저지르곤 한다. 화가 치밀어 오를 때마다 잠시 생각을 휴식시키면 분노를 잠재울 수 있으며 격렬한 충돌을 피할 수 있다.

마지막으로 온화한 태도를 유지하려면 긍정의 힘이 매우 중요하다. 부정적인 사람일수록 외부 자극에 예민하기 때문에 툭하면 화를 내지만, 긍정적인 사람은 마치 외부 자극에 철저히 차단된 것처럼 불쾌한 일을 당해도 온화함을 유지할 수 있다. 따라서 긍정적인 사람들을 많이 만나면서 그들에게서 밝고 건강한 에너지를 받는 것도 좋다.

'버럭'은
모든 관계를
물거품으로 만든다

성격이 좋은 사람은 무슨 일을 해도 잘되지만, 성격이 좋지 않은 사람은 하는 일마다 제대로 풀리지 않아 성격이 더욱 나빠지는 악순환에 빠지곤 한다. 또한 일을 아무리 열심히 해도, 관계를 맺기 위해 온갖 노력을 쏟아도 '성격이 안 좋다'라는 인상을 주는 순간 그동안의 노력들은 모두 물거품이 되고 만다.

case G는 사소한 일에도 화를 내는 다혈질 성격이다. 한번은 친구가 그의 집에 놀러 왔다가 실수로 와인잔을 깨뜨렸다. 이에 G는 차

마 친구에게 화를 내지는 못하고 옆에 있던 아들에게 괜히 잔소리를 하며 신경질을 냈다. 친구는 G가 아들에게 괜한 화풀이를 하고 있다는 것이 느껴져 마음이 너무 불편했다. 그만하라고 몇마디하고 싶었지만 G는 그에게 말할 기회조차 주지 않았다.

친구는 자신의 사소한 실수에 아들에게 화풀이하는 G의 모습에 크게 실망해 이후로 G와 거리를 두기 시작했다.

우리는 때로 뜻하지 않은 일을 겪곤 한다. 하지만 이때마다 노발대발하며 흥분하는 것은 결코 현명하지 않다. 분노는 정상적인 판단을 방해해 상황을 더욱 꼬이게 만들기 때문이다. 또한 인간관계에도 큰 악영향을 끼치기도 한다. 주변의 누군가가 노발대발하는 모습을 보면 누구라도 그 사람을 멀리하고 싶어지기 때문이다. 이것이야말로 나쁜 성격으로 복을 차버리는 꼴이다.

 졸업 후 창업을 시작한 S. 그런데 얼마 지나지 않아 한 동료의 실수로 S는 막대한 손실을 보게 되었다. 이는 S에게 청천벽력 같은 일이었지만 그는 평정심을 유지하려고 노력하면서 동료에게 화를 내기는커녕 "괜찮아. 앞으로 잘 될 거야"라고 위로했다. 이에 크게 감동한 동료는 S와 함께 이 회사를 더 크게 번창시키리라 다짐했다. 그 후 S의 회사에는 몇 차례의 고비가 더 찾아왔고 직원들은 하나둘 떠났지만 그 동료만은 한결같이 S의 곁을 지키며 어려움을 함께 극복해나갔다.

그럼 어떻게 하면 복을 가져다주는 좋은 성격을 만들 수 있을까? 먼저, 몸과 마음을 편하게 하자. 심신이 편해야 부정적인 외부 자극을 받는다 해도 이를 유연하게 넘길 수 있는 여유가 생기기 때문이다. 또한 적당한 운동은 긍정적인 기분을 갖게 하므로 적절한 야외 운동을 통해 좋은 컨디션을 유지하는 것도 매우 좋은 방법이다. 특히 아침 공기를 맞으며 정신을 맑게 깨우는 조깅이야말로 최고의 선택이라 할 수 있다.

둘째, 충분한 휴식을 취하고, 규칙적인 식사를 하자. 맑은 정신을 유지하고 있으면 감정 조절이 수월하지만 수면 부족이나 허기진 상태에서는 사소한 일에도 예민해지며 발끈하게 된다. 그러므로 좋은 성격을 위해서는 질 좋은 휴식과 식사가 필수 조건이다.

셋째, 좋아하는 일을 하면서 긴장을 풀어보자. 자신이 좋아하는 일을 하다 보면 마음이 편안해져 감정을 컨트롤하는 데 큰 도움이 될 것이다.

PART 03

포기하고 싶은 순간,

나를 버티게 해주는 감정 조절법

사람마다
감정의
주기가 있다

때로 특별한 이유 없이 우울하고 답답할 때가 있다. 모든 일이 꼬인 것만 같은 느낌이 들 때는 일도 제대로 손에 잡히지 않는다. 하지만 이는 감정의 주기 중 일부에 불과하므로 지나치게 걱정할 필요가 없다. 답이 보이지 않는 문제에 매달릴수록 오히려 더 깊은 우울의 늪에 빠질 뿐이다.

case 친구와 함께 영화를 보기로 한 M. 그런데 M은 오늘따라 괜히 우울하고 짜증이 났다. 친구는 잔뜩 인상을 쓰며 나타난 M의 얼굴을 보자 '영화 보기 귀찮아서 저렇게 죽상을 하고 있는 건가?' 하는 생각이 들어 기분이 불쾌해졌다.

영화가 끝나자 친구는 피곤하다며 밥도 먹지 않고 휭하니 가 버렸다. M은 이렇게 차갑게 구는 친구의 행동이 도무지 이해가 가지 않았고, 답답한 마음에 M의 기분은 더욱 가라앉았다.

"달은 밝았다가 어두워지고, 둥글다가 이지러지기도 한다"라는 중국 시구가 있다. 마찬가지로 언제나 한결같이 즐겁기만 한 사람은 없다. 따라서 자신의 감정 주기를 잘 파악하고 다스리는 것이 중요하다.

이를 위한 방법으로는 첫째, 부정적인 감정에 휩싸였을 때는 '지금 나는 감정 주기 중 한 부분에 놓여 있을 뿐'이라 생각하자. 우리의 인생은 소설처럼 클라이맥스도 있고 피할 수 없는 슬럼프도 있다. 감정도 롤러코스터처럼 즐거울 때도 있지만 우울할 때도 있고, 기쁠 때가 있는 반면 슬픔에 휩싸일 때도 있다. 다만 그 감정들은 곧 지나가는 감정이므로 우울함이나 슬픔에 빠져 괴로워하지 말고, 감정이 흘러가기를 기다리기만 하면 된다.

둘째, 우울할 때일수록 의도적으로 매사에 적극 나서려는 노력이 필요하다. 사람들은 우울함을 느끼면 부정적이거나 소극적인 판단을 하게 되고, 이로 인해 손만 뻗으면 닿을 수 있는 성공의 기회마저도 놓치곤 한다. 그러므로 지금 우울한 감정이 찾아왔다면 평소보다 두 배 더 적극적으로 나서려는 노력을 기울여보자.

진짜 무서운 것은
시련이 아니라
비관적인 마음이다

인생이란 마치 낭만적인 자유여행처럼 수려한 산천을 지나기도 하고 황량한 사막을 만나기도 한다. 때로는 언제 바뀔지 모를 변덕스러운 날씨 때문에 더이상 걷지 못할 수도 있다. 여행에서와 마찬가지로 인생에서 우리가 역경에 처했을 때 가장 무서운 것은 주변 환경의 장애물이 아니라 '날씨는 좋아지지 않을 것'이라는 두려움 때문에 앞으로 나아가지 않는 것이다.

case Y는 졸업 후 친구와 함께 창업을 시작했다. 두 사람은 게임머니

제작 스튜디오를 만들어 게임머니를 팔아 돈을 벌었다. 그런데 얼마 지나지 않아 게임 회사들이 각종 프로모션을 내놓으면서 게임머니의 수요가 줄어들었고 가치도 크게 하락하고 말았다. 이로 인해 Y의 스튜디오의 재정 상태는 점점 나빠졌다. 의기소침해진 Y가 사업을 접으려고 하자 친구가 그를 말리며 말했다.

"프로모션은 곧 끝날 거야. 게다가 유저들이 여전히 이렇게 많잖아. 게임머니는 다시 잘 팔릴 테니 걱정 마"

하지만 Y의 생각은 달랐다. 게임 회사가 프로모션을 한번 시작한 이상 앞으로 2차, 3차의 프로모션을 계속 내놓을 게 분명했다. 회사의 전망을 비관적으로 본 Y는 주변의 만류에도 결국 자신이 차린 스튜디오를 떠나 새로운 일자리를 찾았다. 그렇다면 게임 스튜디오는 어떻게 됐을까? 게임 회사의 프로모션 덕에 새로운 게이머들이 유입되자 게임머니에 대한 수요가 폭증하면서 스튜디오는 큰돈을 벌었다.

사람은 누구나 살면서 크고 작은 시련에 부딪힌다. 이때 시련을 직시하고 당당히 맞선다면 시련은 전진을 위한 원동력이 되어 당신을 더욱 강하게 만들 것이다. 반면 시련 앞에서 잔뜩 움츠린 채 현실을 마주하지 못하면 시련은 당신을 몰락시키는 마수가 될 수도 있다. 쥐구멍에도 볕들 날이 있듯이 시련에 부딪혔을 때 긍정적인 태도로 임하면 기회는 반드시 찾아오기 마련이다. 그러니 비관하고 좌절하지 않는 한, 자신을 믿고 버티고, 긍정적인 마음으로 대처하다 보면 비바람이 몰아친 후 환하게 뜨는 무지개를 보게 될 것이다.

순탄한 삶은 인생의 행복을 느끼게 하고, 시련은 나를 성장시키고 단단하게 만든다. 시련 속에서도 강인함을 유지해야 주저앉지 않고 힘있게 다시 일어설 수 있다. 시련에 과감히 맞서 정면승부하는 것이야말로 시련을 무릎 꿇게 하는 최선의 방법임을 잊지 말자.

의도적인
망각은
삼가라

마음이 괴롭거나 우울할 때 문제를 직시하고 큰소리로 마음속 불
만을 털어놓는 것은 괴로움에서 벗어날 수 있는 좋은 방법이다.

case　C는 업무 문제로 늘 스트레스에 시달렸다. 게다가 상사와의 관
계마저 좋지 않아 심적 괴로움은 커져만 갔다. 더이상 이렇게
살 수는 없겠다 싶어 그녀는 자신만의 스트레스 해소법을 찾아
야겠다고 마음먹었다. C는 퇴근 후 집에 돌아오면 밥을 먹고 잠
시 휴식을 취한 뒤 밖으로 나갔다. 그리고 야간 달리기를 하면

서 목청껏 큰소리를 지르며 스트레스를 풀었다. 야간 달리기의 횟수가 늘어날수록 그녀는 점차 우울함에서 벗어났고 업무 몰입도도 크게 높아졌다.

단, 큰소리로 내뱉는 말이 또 다른 2차 피해를 불러오지 않도록 주의해야 한다. 예를 들어 문제를 공정하게 처리하지 못한 상사에게 화가 난 당신이 회사 내 어딘가에서 그에 대한 불만을 큰소리로 외쳤다고 생각해보자. 누군가 이 말을 듣고 상사에게 전하기라도 한다면 사태는 수습할 수 없는 지경에 이를 것이다. 그러므로 큰소리로 스트레스를 표출할 때는 말하는 내용과 장소에 주의를 기울여야 한다.

이처럼 스트레스 해소를 위해서는 적절한 방법을 고민해야 한다. 올바른 방식은 마음을 달래는 데 도움이 되지만 그릇된 방식은 오히려 더 큰 '재앙'을 불러오기 때문이다. 그렇다면 스트레스 해소법 중에서 우리가 피해야 하는 방법은 무엇일까?

첫째, '뒤처리'가 필요한 행동은 하지 말아라. 스트레스 해소랍시고 물건을 던지거나, 과음하는 등의 행동은 삼가야 한다. 이는 스트레스가 해소되기는커녕 부정적인 감정을 오히려 증폭시키고, 이 행동으로 인해 또 다른 문제들이 발생하므로 뒤처리를 하다 더 큰 스트레스를 받을 수도 있다.

둘째, 의도적인 망각을 삼가야 한다. 망각은 문제를 실질적으로 해결하는 것이 아니라 괴로움을 잠시 잊는 것뿐이며 괴로움이 상기되면 스트레스가 더욱 증폭된다. 또한 망각은 중독성이 높아 다시 처음으로 돌아가기가 매우 어렵다. 따라서 순간의 괴로움을 모면하기 위한 의도적인 망각은 문제의 해결책이 절대 되지 않는다는 것을 기억하라.

일단 버티면
최소한 후회는
남지 않는다

시련에 처했을 때 그 어려움 앞에서 너무 많은 생각을 하면 오히려 자신감이 떨어지고 앞으로 나아갈 용기를 잃는다.

case P는 소설가가 되는 것이 꿈이다. 대학 졸업 후 그는 한 소설 사이트에 작가로 등록해 소설을 쓰기 시작했다. 처음에는 인지도가 낮아 사람들의 관심을 받지 못했지만 그는 이에 굴하지 않고 계속해서 글을 써나갔다. 그런데 시간이 지나면서 그의 작품을 읽은 몇몇 독자들이 좋은 후기를 남기자 갑자기 조회수가 급등

했고, 동시에 신랄한 비판 댓글도 눈에 띄게 늘었다. P는 부정적인 댓글들을 하나하나 읽으며 점차 자괴감에 빠졌고, 자신은 글재주가 없다고 확신하며 결국 작가의 길을 포기했다.

"끈기를 가져라." 이 말을 들은 당신은 혹시 지금 '말이야 쉽지!' 라고 생각하지는 않았는가? 하지만 가슴에 손을 얹고 자문해보자. 내가 정말 뜨겁게 최선을 다한 적이 있는지 말이다. 물론 열심히 해도 세속적인 의미의 '성공'을 이루지 못하는 경우도 있다. 하지만 스스로 주저앉지 않고 꿋꿋하게 자신의 능력을 발휘하며 최선을 다한다면 최소한 후회는 없을 것이다.

case 뚜렷한 목표 없이 무기력한 하루하루를 지냈던 L은 어느 날 귀밑에 종양이 생겼다는 청천벽력 같은 소식을 들었다. 그는 수술 후에도 오랜 회복 시간을 가져야 했고, 귀밑에는 긴 흉터까지 남았다. 시간이 흘러 무사히 완쾌된 L은 마치 전혀 다른 사람이 된 것처럼 180도 변했다. 일할 때는 언제나 최선을 다했으며 업무 시간이 끝나면 열심히 책을 읽고 공부했다. 그를 옆에서 지켜본 친구가 농담 삼아 말했다.

"너 혹시 수술하다가 영혼도 바뀐 거 아냐? 내가 알던 모습이 아닌데!"

이 말을 들은 L은 희미하게 웃으며 귀밑의 상처를 가리켰다.

"응. 수술이 내 인생의 전환점이 되었어. 요즘 나는 이 상처에 감사함을 느껴. 처음에는 정말 무서워 죽을 지경이었는데 수술 후 입원해 있는 동안 나는 충분히 사색할 수 있는 시간을 갖게 되었어. 나는 생각하고 또 생각하며 내 삶의 계획을 세우기 시작했지. 만약 이 상처가 아니었다면 나는 여전히 별 볼 일 없는 무기력한 회사원으로 평생을 살았을 거야."

친구는 L의 대답에 큰 감동을 받았다. 이후에도 L은 언제나 시련에 감사하는 태도로 자신이 원하는 인생을 만들어나갔다.

우리의 인생을 한 장의 백지에 비유한다면 매 순간의 선택은 이 백지 위에 그리는 그림과 같다. 만약 우리가 곤경에 처할 때마다 중도에 멈춰 서서 원점으로 돌아가기를 반복한다면 종이 위에는 줄 한 가닥만 허무하게 그어져 있을 것이다.

　곤경에 처하는 것은 가시덤불 속에 빠진 것과 같아서 그 자리에서 마냥 주저앉아 기다릴 것이 아니라 빠져나갈 구멍을 찾는 노력이 필요하다. 희망을 품고 꾸준히 전진하다 보면 인생의 바닥을 딛고 일어나 찬란한 빛을 맞이할 수 있을 것이다.

현실은
생각만큼
최악이 아니다

어떤 사람은 삶을 변덕스러운 날씨와 비교한다. 조금 전까지만 해도 맑고 푸르렀던 하늘에 갑자기 구름이 끼고 폭우가 쏟아지기도 하니 말이다. 하지만 지금 천둥번개에 폭우가 쏟아지고 있다고 해도 언젠가는, 아니 바로 한 시간 후에 언제 그랬냐는 듯 다시 환하게 해가 나기 시작한다. 알고 보면 세상은, 그리고 우리의 현실은 우리가 생각하는 것만큼 나쁘지 않다는 얘기다. 그러므로 지금 힘든 상황에 처했다고 해도 마냥 우울해 하거나 좌절하면서 스스로를 억지로 궁지에 몰아넣을 필요는 없다.

"모든 것이 저를 떠났어요. 전 이제 삶에 대한 의지도, 희망도 없어요. 그저 절망스러울 뿐입니다."

미국의 노먼 빈센트 필(Norman Vincent Peale) 박사는 한 사내의 한풀이를 묵묵히 듣고 난 후 백지 한 장을 꺼내 종이 한가운데에 선을 하나 그었다. 그리고 왼쪽에는 그를 떠난 것들을 쓰고, 오른쪽에는 그가 현재 가진 것들을 쓰라고 말했다. 남자는 머리를 쥐어짰지만, 현재 그가 가진 것이 하나도 떠오르지 않자 그는 원망스러운 목소리로 말했다.

"이것 보세요. 오른쪽 칸은 전혀 쓸모가 없잖아요!"

그러자 필 박사는 애석한 얼굴로 말했다.

"정말 유감이에요. 당신의 아내마저 떠난 줄은 몰랐어요."

"아내요? 제 아내는 절 떠난 적이 없어요. 우리는 여전히 서로를 사랑하고 있어요."

남자는 곧바로 오른쪽 칸에 '날 사랑해주는 아내'라고 썼다. 필박사가 다시 남자에게 물었다.

"그럼 마음 아프겠지만 당신의 아이는 언제 교도소에 갔는지 말해줄 수 있나요?"

이 말을 들은 남자는 순간 발끈하며 대답했다.

"우리 세 아이 모두 얼마나 훌륭한지 아세요? 전 우리 아이들이 정말 자랑스럽다고요!"

대답과 동시에 오른쪽 칸에 '자랑스러운 우리 아이들'이라는 한 줄이 더 늘어났다.

필 박사의 질문이 늘어날수록 백지의 오른쪽은 점점 빼곡하게 채워져갔고 남자는 그제야 박사의 의도를 깨달았다. 그는 감격에 찬 얼굴로 자리에서 일어나 필 박사에게 감사를 표했다.

"정말 감사합니다. 제 삶이 생각만큼 엉망은 아니라는 것을 이제야 알게 됐어요."

실패에 부딪혔을 때 자기 자신에게 이렇게 말해보자.

"실패는 잠시뿐이고, 현실은 그렇게 나쁘지만은 않다."

"가장 어두운 시간은 해뜨기 바로 직전의 시간이다"라는 말처럼, 힘든 시간을 버티다 보면 반드시 밝은 내일이 찾아오기 마련이며, 시련은 혼자 오지 않는다. 언제나 전화위복의 기회와 함께 온다. 하늘이 무심하다며 주저앉아 울분을 토하기보다 시련을 직시하고 정면승부하면서 그 속에 숨어 있는 기회를 찾아야 한다.

사실 최악의 결과란 존재하지 않는다. 단지 우리가 그것을 최악으로 생각할 뿐이다. 침착하게 '전열'을 가다듬고 '최악'이라는 안개를 뚫고 나가면 언제가 밝은 서광이 우리를 환하게 비출 것이다.

PART 04

지나치게 예민해서

괴로운 사람을 위한 감정 수업

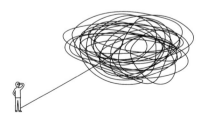

사소한 약점에
무너지는
완벽주의자들

우리 주변에는 '완벽주의자'들이 꽤 많다. 그런데 그들은 완벽을 추구하면서 끊임없이 자신의 부족함을 발견하고, 이를 어떻게 해결해야 할지 몰라 괜한 불만으로 흠을 덮으려 하기도 한다. 단점을 덮으려 할수록 그 단점이 눈덩이처럼 불어나고 있다는 것도 모른 채 말이다.

case C는 얼음 조각 애호가다. 오랫동안 얼음 작품을 탐구해온 그는 직접 얼음을 조각해 얼음 조각 축제에 참가하기로 했다. 오랜 시간 끝에 그가 심혈을 기울여 만든 얼음 북극곰이 완성되었다.

그런데 친구가 그것을 보더니 "북극곰 머리가 좀 큰 것 같다"라고 말했다. C가 자세히 살펴보니 정말 그런 것 같아 머리 쪽을 좀 더 깎았다. 그런데 또 다른 친구가 보더니 "북극곰의 팔다리가 너무 굵다"고 했다. C가 다시 힘겹게 팔다리 쪽을 손보고 나니 이번에는 또 누군가가 "곰의 신체 비율이 불균형하다"고 말했다. 그는 이렇게 얼음 조각을 깎고 또 깎았다. 더이상 아무도 작품의 흠을 찾아내지 못하자 C는 이제야 만족한 듯 작품을 뿌듯하게 바라보았다. 바로 이때 그의 여자친구가 의아한 듯 물었다.

"어른 북극곰치고 너무 작은 것 같지 않아?"

그 말을 듣고 보니 북극곰은 확실히 처음보다 많이 작아져 있었다. 순간 화가 난 C는 얼음 북극곰을 바닥에 내동댕이쳐 부숴버렸다.

사람은 누구나 단점이 있으므로 자신의 단점을 겸허히 받아들이는 것이 중요하다. 때로는 부족함이 미덕이자 매력이 되기도 하기 때문이다.

(case) 미국의 톱 가수 캐스 랠리(Cath Rally)는 어렸을 때부터 노래하는 것을 좋아했다. 그런데 자신의 못생긴 덧니 때문에 사람들 앞에 서는 걸 꺼렸다. 그러던 어느 날, 그녀는 가까스로 무대에 오를 기회를 얻었지만, 덧니를 감추기 위해 입술을 오물거리며 노래를 불렀다. 그렇게 무대를 망치고 내려와 울고 있는 그녀에게 한 노파가 다가와 조용히 말했다.

"전 당신을 계속 관심 있게 지켜보고 있었어요. 참으로 귀한 목소리를 가지고 태어났군요. 당신이 덧니를 감추고 싶어 하는 이유는 알지만 그게 오히려 더 매력일 수도 있어요. 자신 있게 노래를 부르세요. 사람들은 당신의 노래를 들으러 이곳에 온 거니까요."

노파의 충고를 가슴 깊이 새긴 그녀는 더이상 덧니를 감추려 하지 않고 자신의 아름다운 목소리를 마음껏 발휘하기 시작했다. 노파의 말대로 반응은 폭발적이었고, 그녀는 순식간에 미국 방송계의 일류 스타가 되었다.

달이 차면 기울고 그릇도 차면 넘치는 것이 세상 이치이듯, 완벽함

이 꼭 좋은 것만은 아니다. 때로는 나의 약점이 장점으로 승화될 수도 있다. 그러므로 자신의 약점에 대해 불평만 하지 말고 부족함의 미학을 배워보자. 삶에 약간의 흠과 아쉬움을 남기고, 스스로에게 조금씩 빈틈을 허락하다 보면 자신이 몰랐던 색다른 멋을 발견하게 될지도 모른다.

지나친 예민함은
자신감
부족이다

우리는 때로 누군가 무심코 던진 말에 불만을 갖기도 하고 누군가 별 뜻 없이 한 행동에 괜한 자책을 하기도 한다. 하지만 이는 대부분 우리의 지나친 예민함이 빚어낸 망상의 결과다.

(case) S는 모든 일에 의미를 부여하며 불필요한 걱정을 하는 '예민남'이다. 어느 날 친구와 전화 통화를 하며 한창 이야기하던 중 갑자기 친구가 일이 생겼다며 급히 전화를 끊었다. 그런데 S는 이 때문에 밤잠까지 못 이루며 자신이 뭔가 말실수를 한 것이 있는

지 고민하고 또 고민했다. 다음 날 이른 아침부터 그는 친구에게 다시 전화를 걸었다.

"내가 어젯밤에 곰곰이 생각해봤는데, 너 혹시 어제 내가 너한테 삐쳤다고 해서 기분 나빴던 거야? 정말 미안해. 내가 그렇게 말하지 말았어야 했는데⋯."

이 말을 듣고 친구는 당황해하며 "어제는 급히 해야 할 일이 생각나 급하게 전화를 끊었던 거야"라고 황급히 해명했다. 이에 S는 알았다고 말했지만 속으로는 친구가 분명 거짓말을 하고 있다고 확신했다. 그 후 점점 더 도를 넘는 S의 예민함에 친구는 견디지 못하고 점차 그와 거리를 두기 시작했다.

심리학 통설에 따르면 우리가 객관적이라고 인지하는 외부 환경조차 각자 내면의 주관적인 세계가 투영된 것이다. 다시 말해 타인이 보는 나의 인상은 그가 나의 행동을 보고 그의 머릿속에서 만들어낸, 그의 '눈에 비친 나'일 뿐이며 실제 내 모습과 일치하지 않는다는 뜻이다. 그러므로 당신이 어떤 행동이나 말을 하든, 상대방에게 어떤 도움을 주든 상대방은 그의 머릿속에 있는 당신의 이미지에 따라 원하는 결론을 만들어내는 것이다. 그러니 굳이 남의 시선을 의식해가며 불편하게 행동할 필요 없이 나다운 모습으로 맘 편하게 사는 것이 낫지 않겠는가.

case 유치원 교사 Z의 아이는 곧 유치원에 갈 나이가 된다. Z는 아이가 자신의 유치원에 다니기를 원했지만 혹시 이 때문에 다른 사람의 비난을 받을까 봐 걱정이 앞섰다. 하지만 아무리 생각해봐도 교칙에 어긋나는 것은 아니었기에 그녀는 용기 내어 교장 선생님께 아이의 입학 신청서를 직접 제출했다. 뜻밖에도 교장 선생님은 두말없이 이를 승낙했다. 결국 교장 선생님께 가기 전 준비했던 온갖 변명거리들은 아무런 필요가 없게 되었다.

지나친 예민함은 자신감 결여를 의미한다. 마음속에 자신만의 꿈의 공간을 만들어 밖으로 나가기를 거부하고 타인의 어떠한 부정조차 피하려고만 한다면 이는 허황된 자기 위안일 뿐 자기 자신에게 아무런 도움도 되지 않는다.

미국 심리치료의 대가로 불리는 어빈 얄롬(Irvin D. Yalom)은 집단 심리치료 이론에서 "타인이 관찰, 평가, 공격하는 대상은 나 자체가 아닌 내가 맡은 역할이다. 타인의 시선과 평가에서 자신을 떼어내고 발을 빼면 마음의 해방과 자유를 얻게 된다"라고 말했다.

다시 말해, 나에 대한 상대방의 시선과 비판은 그의 눈에 비치는 '그 사람'일 뿐이다. 자신을 '그 사람'과 분리해 제3자의 시각에서 바라본다면 타인의 비판에서 좀 더 자유로워질 수 있을 것이다.

타인의
실수에
휘둘리지 마라

예민한 사람은 다른 사람의 행동에 금세 불만이 생기고, 화를 내기도 하지만 그에 비해 상대방은 자신이 화를 낸다고 해서 죄책감을 느낀다거나 잘못을 고치지 않는다. 그러니 상대방이 저지른 잘못 때문에 괜히 스스로를 희생양으로 만들 필요는 없다.

case W는 요즘 회사도, 결혼 생활도 불만족스럽다. 회사에서는 동료들과 사사건건 부딪히고, 집에 가면 아내에게 씩씩거리며 동료들을 험담하는 것이 어느덧 일상이 되고 말았다. W의 상황을

알게 된 친구가 그에게 물었다.

"도대체 날마다 뭐가 그리 화나는 거야?"

그러자 W는 잔뜩 흥분하며 말했다.

"동료들이 얼마나 못됐는지 알아? 사소한 일로 고자질을 하지 않나, 업무적으로도 늘 나를 공격한다고! 자기들끼리 똘똘 뭉쳐서 나를 얕보고, 더 열받는 건 상사조차도 그 녀석들 편을 든다는 거지!"

하지만 뚜껑을 열어 보니 실상은 달랐다. 어느 회의에서 동료 한 명이 W의 잘못을 지적하자 이에 앙심을 품은 W는 그 후로 그와 늘 갈등을 빚었다. 이런 상황이 반복되면서 다른 동료들도 W와의 접촉을 꺼리기 시작하자 W는 동료들이 합세해 자신을 괴롭힌다는 피해의식에 휩싸이게 된 것이다.

세상에 나를 괴롭히는 사람이 뭐 그리 많겠는가? 스스로 불편한 감정을 내려놓지 못하고, 관계와 세상을 넓게 바라보지 못하는 내가 나를 괴롭히는 것이다. 실연을 당하면 현실을 부정하며 상대방이 자신을 버렸다고 생각하고, 친구와 사소한 일로 다퉈도 시시비비를 가리는 데 목숨을 걸고, 가족과 싸우면 문을 쾅 닫고 집을 나가버린다. 연인끼리 싸우고 만나고 헤어지는 것은 지극히 정상적인 일인데 누가 누구를 버린단 말인가? 게다가 친구들끼리 다투는 것은 더 흔한 일인데 친구가 자신을 순간 화나게 한다고 해서 당장 절교를 선택하는 게 마땅한 일일까?

사실 우리가 느끼는 '괴롭힘'은 상대방의 무의식적인 행동일 수도 있고 때로는 상대방이 더 나은 내가 되도록 도와주려는 경우도 있다. 그런데 이런 상황에서 툴툴거리고 화만 내는 것이 무슨 소용이 있겠는가. 억지로라도 즐거운 마음을 가져서 다른 사람이 부러워할 만큼 행복한 모습을 보이는 것이야말로 악의를 품은 자들을 벌하는 최고의 방법이다.

톨스토이는 《참회록》에서 다음과 같은 이야기를 들려준다.

case 한 남자가 호랑이에게 쫓기다가 그만 절벽으로 떨어졌다. 그런데 다행히도 떨어지면서 나뭇가지 하나를 붙잡아 겨우 살아남았다. 위를 올려다보니 자신을 쫓던 호랑이가 침을 흘리며 노려보고 있었고 절벽 밑에는 또 다른 호랑이 한 마리가 어슬렁거리고 있었다. 더 가관인 것은 어디선가 나타난 두 마리의 쥐가 나 뭇가지를 갉아먹기 시작했다. 천 길 낭떠러지에서 나뭇가지 하 나에 의지한 위기의 순간, 그 남자의 눈에 잘 익은 산딸기가 눈 에 들어왔다. 남자는 힘겹게 한 손을 뻗어 산딸기를 따서 입에 넣고는 무심코 한마디를 내뱉었다.

"아… 정말 달콤하구나!"

사는 게 아무리 고달파도 삶의 곳곳에는 우리가 미처 보지 못한 즐 거운 일들이 널려 있다. 사소한 세상일의 번뇌를 내려놓고 스스로에 게 말해보자. "너무 힘쓰며 살 필요 없다"라고.

자기 자신과 무의미한 실랑이를 벌이다 보면 일은 점점 더 꼬일 뿐 이다. 그러므로 스스로를 좀 더 관대하게 대하며 삶의 무게를 가볍게 만들어보자. 삶의 무게가 가벼워질수록 그동안 미처 보지 못한 삶의 아름다움을 발견하게 되고, 그 속에서 더 많은 즐거움을 느끼게 될 것 이다.

나를 옥죄는
감정의 번뇌에서
해방되는 법

우리는 때로 살면서 원치 않는 불편한 상황에 맞닥뜨리곤 한다. 그런데 이런 일들은 조금이라도 손해 보기 싫어 사사건건 남들과 비교하기 때문에 발생하는 경우가 많다. 회사에서 동료보다 안 좋은 평가를 받으면 무조건 불공평한 결과라고 생각하며 화를 내거나, 아주 사소한 일에서까지 시시비비를 가리기 위해 상대방과 끝까지 결판을 지으려는 경우들 말이다. 그러나 모든 일마다 예민하게 사사건건 따지다 보면 제 몫을 챙기기는커녕 불필요한 분쟁과 갈등만을 자초할 뿐이다.

어느 인터넷 사이트에 다음과 같은 유머 글이 올라왔다.

남편이 식사를 마치고 아내에게 이렇게 말했다.

"밥은 내가 했으니 설거지는 당신이 해!"

그리고 남편은 더러운 방바닥을 보고 아내에게 다시 말했다.

"이 장판은 내가 깔았으니 청소는 당신이 해!"

이번에는 집에서 기르는 강아지가 아무 데나 대소변을 보자 남편은 또 한마디 했다.

"개는 당신이 원해서 기르는 것이니 당연히 당신이 관리해야지?"

참다못한 아내는 울고 있는 아이를 가리키며 말했다.

"아이는 내가 낳았으니 당신이 가서 젖 좀 먹이시지!"

모든 일을 시시콜콜 따지다 보면 불쾌한 기분이 계속되고 마음속의 화도 점점 더 커진다. 살다 보면 불미스러운 일을 당하기 마련인데 그때마다 화를 내거나 따지면 일이 나아지기는커녕 오히려 복잡해지고 더 많은 것을 잃게 된다.

매사 득실을 따지고, 사소한 것 하나하나에 시시콜콜 얽매이다 보면 작은 이익을 얻으려다 오히려 다른 사람과 심각한 갈등을 일으킬 수 있다. 설사 결국 이익을 얻었다 해도 주변 사람들은 모두 떠나고 말 텐데, 이는 얻는 것보다 잃는 것이 더 큰 게 아닐까.

심리학자 라킨 필립스(Lakin Phillips)는 "다른 사람들과 조화롭게 지내지 못하는 사람들은 어린 시절에 기본적인 사회적 교제 능력을 키우지 못한 경우가 많다. 그들은 사람들과의 나눔에 취약하며 관용을 베풀지 못하고 항상 시시콜콜 따지면서 자신의 성장에 매우 불리한 영향을 끼친다"라고 말했다. 행복을 느끼는 것은 가진 것이 많아서가 아니라 따지는 것이 적기 때문이다.

case 중년 남성 찰리는 가정도 화목하고 성공한 사업가였다. 겉으로 보기에 그는 완벽한 삶을 사는 것 같지만 사실 찰리는 늘 삶의 공허함에 괴로워하며 때로는 자살 충동까지 느꼈다. 그는 자신의 심리 상태의 심각성을 느끼고 정신과 의사를 찾아갔다. 의사는 그에게 신비로운 약 네 봉지를 처방해주며 말했다.

"약은 절대로 먼저 뜯지 마시고 내일 아침 6시 전까지 혼자 해변으로 가세요. 가실 때는 아무것도 가져가지 말고 꼭 빈손으로 가셔야 합니다. 그리고 아침 6시, 아침 9시, 정오 12시, 저녁 6시에 시간을 맞춰 약을 복용하시면 많이 좋아질 겁니다.”

다음 날 아침, 찰리는 의사의 당부에 따라 해변으로 갔다. 6시가 되자 해수면 위로 해가 떠오르며 따스한 햇살이 그의 몸을 감싸 안았다. 긴장이 풀리며 기분이 좋아진 그가 약을 먹으려고 첫 번째 약봉지를 열었더니 봉지 안에는 약이 아닌 “귀 기울여 들어보세요”라고 적힌 쪽지 한 장만 들어 있었다. 찰리는 그 자리에 가만히 앉아 바다가 들려주는 소리에 귀를 기울였다. 바람이 귓전을 스치는 소리, 파도가 철썩이는 소리, 갈매기 울음소리 등 바다의 소리를 듣다 보니 어느새 자신의 심장 박동 소리까지 들렸다. 이렇게 그는 묵묵히 자연의 연주를 감상하며 마음의 안정을 찾기 시작했다.

아침 9시, 찰리가 두 번째 약봉지를 열자 그곳에는 “기억해보세요”라고 쓴 쪽지가 들어 있었다. 풋풋했던 어린 시절의 첫사랑, 사업을 시작하며 고군분투했던 젊은 시절, 나이 드신 부모님의 희끗희끗한 흰머리, 친구들과의 시끌벅적한 모임 등 소중한 기억들이 눈앞에 파노라마처럼 스쳐 지나갔다. 그러자 문득 젊은 시절의 열정과 에너지가 자신의 몸을 휘감는 듯했다.

정오 12시가 되자, 그는 "반성"이라고 적힌 세 번째 약봉지를 열었다. 이제 그는 조용히 자신의 지난날을 반성하기 시작했다. 아내를 끔찍이 사랑했던 자신이 일이 바쁘다는 핑계로 점점 무뚝뚝해지고, 아빠와 놀이공원에 가고 싶어 하는 귀여운 아들의 부탁도 들어주지 못하고, 친구들에게 연락한 지도 오래며, 부모님을 찾아뵌 지도 한참이 되었다. 이렇게 자신의 모습을 하나나 되돌아보다 보니 그는 침묵할 수밖에 없었다.

석양이 질 무렵, 찰리는 의사의 마지막 약봉지를 열었다. 이번에는 쪽지에 "모래 위에 번뇌라고 쓰세요"라고 적혀 있었다. 그는 바닷물에서 가장 가까운 모래사장으로 걸어가 모래 위에 '번뇌'라는 두 글자를 썼다. 갑자기 파도가 밀려오며 '번뇌'를 삼켰고, 파도가 다시 밀려간 후 모래 위에는 아무것도 남지 않았다.

우리는 가진 것이 너무 적은 걸까, 아니면 너무 많은 것을 따지는 걸까? 생명 자체가 이미 풍요로운데 왜 부질없는 것들을 애써 쟁취하려는 걸까? 세상에는 우리가 꼭 가질 필요가 없는 것들이 훨씬 많으며, 화려한 것들이 모두 나에게 어울리는 것은 아니다.

시시콜콜 따지는 습관은 번뇌를 끌어당기는 자석과 같다. 사소한 일에서부터 관대함을 가지고 양보하는 연습을 통해 스스로를 번뇌에서 해방시키자.

햇살이 비치는
마음에는
잡초가 자라지 않는다

사람들은 원치 않는 일이 생길 때마다 입버릇처럼 말한다.

"짜증 나!"

버스에서 누군가가 실수로 발을 밟았을 때, 음식이 입에 맞지 않을 때, 서둘러 달려갔는데 버스를 놓쳤을 때 등 일상생활 곳곳에서 "짜증 나"라는 말은 자연스레 튀어나온다. 하지만 이 같은 입버릇은 부징직인 심리 암시이기 때문에 하면 할수록 불만은 더욱 커져 사소한 일 하나로 하루 전체를 망칠 수도 있다.

화내는 것은 신체적, 심리적으로 부정적인 영향을 미친다. 화가 나면 충동에 끌려 나중에 후회할 일을 한다거나, 감정을 억제하지 못해 다른 사람에게 괜한 화풀이를 하는 등 인간관계에 악영향을 미치기도 한다. 또 정서적으로 불안정해지기 때문에 문제를 처리하는 과정에서 이성을 잃어 잘못된 결정을 내리게 된다.

사실 곰곰이 생각해보면 굳이 화를 낼 필요가 없는 경우가 많다. 누군가 나의 발을 밟았다면 가볍게 웃어넘기면 된다. 사람이 많아 이리저리 치이다 보면 언젠가 나도 다른 사람의 발을 밟을 수도 있지 않은가. 앞에 있는 사람이 너무 느리게 걷는다면 옆으로 돌아가 먼저 가면 된다. 짧은 인생을 날마다 불쾌한 기분으로 보낸다면 이 얼마나 안타까운 일인가? 그러므로 세상을 보는 시각을 바꾸고 마음을 가다듬어 즐거움을 발견하려고 노력해보자.

우리 주위에는 굳이 화낼 필요가 없는 일들이 너무도 많다. 감정을 적절히 다스려 부정적인 기분을 마음속에서 밀어내다 보면 우리의 삶에 따스한 빛줄기가 내려올 것이다. 기억하라. 햇빛이 비치는 마음의 밭에는 잡초가 나지 않는다.

case 어느 날, 수행하던 스님이 문을 열고 나가려는데 어느 몸집이 큰 사내가 갑자기 들어오다 스님과 정면으로 부딪쳤다. 스님의 안경이 사내의 몸에 부딪혀 산산조각이 났고 눈꺼풀에 희미한 멍도 들었다. 하지만 그 건장한 사내는 전혀 미안한 기색을 보이지 않고 오히려 매몰차게 말했다.

"스님, 안경도 쓰셨으면서 앞도 제대로 못 보십니까!"

이에 스님은 가볍게 웃기만 했다. 사내는 스님의 태연한 반응에 놀라 잠시 멍하니 있다가 정신을 차리고 물었다.

"스님! 왜 화를 안 내는 거죠?"

그러자 스님이 평온하게 대답했다.

"화를 낸다고 내 얼굴의 멍이 없어지거나 고통이 덜어지지 않네. 물론 깨진 안경도 되돌릴 수 없지. 그런데 왜 내가 굳이 화를 내겠는가?"

평온한 마음은 평온한 환경을 만들고, 활기찬 마음은 활기찬 인생을 만든다. 마음속에 화가 치밀어 오를 때마다 이 일의 취지는 화내기 위해서가 아니었음을 기억하자. 화내려고 출근하는 것이 아니고, 화내려고 연애하는 것이 아니며, 화내려고 결혼한 것이 아니다. 그리고 우리는 화내려고 사는 것이 아니라는 것을 말이다.

초조함을 덜어내고

삶의 균형을 찾는 법

초조함은 나를
다치게 하는
감정의 덫이다

성공 조급증은 성공을 갈망하는 사람들이 흔히 겪는 증상으로, 성공에 대한 과한 집착을 보이며 몸과 마음을 어지럽혀 깨달음을 얻는 데 방해가 되는 상태를 만든다. 또 성공 조급증에 걸린 사람은 불면증, 초조함, 난폭함 등의 증상을 보이기도 한다.

오늘날 젊은이들은 성공을 찬양하는 사회 분위기 속에서 성공에 대한 강박에 시달리고 있다. 뉴스에서는 "88만 원 세대의 반란", "밀레니엄 세대의 폭풍 성장", "모 도시의 평균 임금 통계", "모 도시의 1인당 자산 통계" 등과 같은 기사가 쏟아져 나온다. 이를 보면 하루가 다르게 변화하는 이 세상에는 성공한 젊은 청년들만 넘쳐나는 듯하다. 이는 아직 성공하지 못한 이들을 더욱 초조하고 불안하게 만든다.

엄밀히 말하면 성공 조급증을 일으키는 큰 요인은 욕망이다. 이는 답답함과 초조함, 때로는 악한 마음을 불러일으키기도 한다. 하지만 명예와 이익에 얽매이지 않는 사람은 성공 조급증 따위는 애초부터 겪지 않는다.

case A는 어릴 때부터 '성공은 오직 1등뿐이며, 절대 2등은 없다'라는 교육을 받았다. 학창 시절, 그가 상위권의 성적표를 받아와도 부모님은 "왜 1등을 놓쳤느냐"며 다그쳤다. 설사 그가 1등과 겨우 1점 차이로 아깝게 2등을 해도 부모님은 이를 용납하지 않았다. 그 후로 A는 1등을 놓친 적이 없었다.

어른이 된 A는 다양한 경험을 하면서 부모님이 그에게 주입했던 성공의 정의가 잘못됐으며 매우 편집증적인 생각이라는 것을 깨달았다. 그래서 그는 모든 일에 1등을 추구하던 태도를 바꾸고 불안감에서 벗어나려고 노력하기 시작했다. 하지만 그의 주변 친구들은 여전히 성공을 갈망하며 늘 초조해했다. 심지어 나름 성공한 친구들마저도 사회적 인정을 받고 부모님을 안심시키기 위해 끊임없이 고군분투했다. A는 친구들을 보며 더더욱 자신만은 성공에 대한 집착을 내려놓고 자연의 순리를 따라야겠다고 결심했다.

성공 조급증은 성공 교육의 산물이라고 말하는 사람이 있는가 하면, 어떤 사람은 성공 교육이 틀린 것이 아니라 '성공'의 의미를 왜곡한 것이 성공 조급증을 초래했다고 말한다. 수능 만점자에게 스포트라이트를 맞추는 언론들, 글로벌 대회 수상에 대한 과도한 집중, 결과 중심의 평가, 개인의 성공 여부에 대한 사회와 타인의 지나친 관심 등 요즘에는 곳곳에서 너도나도 성공의 잣대를 들이민다.

성공이 가져오는 대가는 1등만 기억되고 2등은 무시 당하는 사회일 뿐이다. 그러므로 우리는 그릇된 성공 교육을 탈피해야 한다. 먼저 성공이 자기 자신을 위함인지 아니면 다른 사람에게 보여주기 위함인지를 분명히 해야 한다. 다른 사람의 부러움과 인정을 받기 위해 성공하고자 하는가, 아니면 온전히 자기 만족을 위해 성공하고자 하는가.

이러한 생각이 점차 분명해지면 성공을 이루고 싶은 방향이 무엇인지 고민해야 한다. 모든 방향이 성공을 향하지는 않으므로 자신의 상황과 능력을 가늠하여 적절한 방향을 선택해야 한다.

성공의 궁극적인 목적은 자신을 위함이며 오롯이 자신을 위한 성공을 누리는 것이야말로 최대의 성공이라 할 수 있다. 그러므로 성공은 자기 노력과 경험을 통해 만들어진다는 것을 명심하고 다른 사람의 의견이나 경험에 휘말려서는 안 된다.

이뿐만 아니라 스스로의 잘못과 실패를 겸허하게 인정하고 자신이 가는 방향을 정기적으로 점검하는 것 또한 중요하다. 잘못된 분기점을 맴돌며 배회하거나 시련 앞에서 초조해하지 말고 조급한 마음을 제때 다스리자.

이밖에도 자신의 근심과 불안을 다른 사람에게 털어놓는 법을 배워야 한다. 초조함을 마음속에 담아둘수록 그것은 눈덩이처럼 커져 자신을 다치게 할 뿐이기 때문이다.

스스로에게
노력을
강요하지 마라

세상은 우리에게 더 많이, 끊임없이 노력하라고 외친다. 잘나가는 선배나 친구의 입을 통해, 자기계발서를 통해, 각종 홍보물 등을 통해 은밀하게 우리를 채찍질하고 있다. 때로 우리는 "지금 노력하지 않으면 나중에 후회해도 소용없다", "미치지 않으면 성공할 수 없다", "아침형 인간이 되라"라는 등의 말을 듣곤 한다. 그러다 편안하고 여유로운 상황에 놓이면 괜한 죄책감이 밀려온다. 이러한 강박적인 암시는 우리를 더욱 노력에 집착하게 만들고 우리의 몸과 마음은 과부화 상태에 이르게 된다.

case A는 어렸을 때부터 부모님에게 "노력만이 살길이다"라는 말을 들으며 자랐다. 부모님의 말씀에 따라 A는 늘 열심히 노력하면서 좋은 성적을 유지했고 대학 졸업 후에도 이상적인 직장을 구했다. 이제 막 사회생활을 시작한 A는 다른 사람보다 경험이 뒤처질 수밖에 없었지만, 그녀는 이에 자괴감을 느끼고 날마다 야근을 자처하며 공부했다. 비록 일이 적성에 맞지 않음에도 그녀는 상사의 인정을 받고자 노력하고 또 노력했다.

A는 다른 사람들이 10여 년간 쌓아온 노하우를 반년 만에 마스터하겠다고 다짐했다. 하지만 이는 단기간 내에 절대 끝낼 수 없는 엄청난 양이었다. A는 하루에 4시간씩 자면서 나머지 시간에는 일과 공부에만 몰두했다. 결국 수면 부족과 과로가 장기화되면서 점차 면역력이 떨어졌고 잦은 잔병치레에 시달리게 되었다.

스스로에게 노력을 지나치게 강요하다 보면 편안하고 여유로운 생활에서는 오히려 불안감, 죄책감을 느끼게 된다. 이는 결국 삶의 작은 행복조차 즐기지 못하는, 만족감을 느끼지 못하는 상태로 이어진다. 지나치게 열심히 노력한다고 해서 노력에 비례한 보상이 반드시 뒤따르는 것은 아닐뿐더러 오히려 몸을 망가뜨리는 지름길이 될 수 있다. 과로로 인해 면역 체계가 균형을 잃으면 몰입도와 감지 능력이 떨어져 일의 효율 또한 오히려 크게 저하될 뿐이다.

"열심히 노력해라"라는 말은 격려처럼 들리지만 사실은 스스로를 노력이라는 채찍으로 내리치는 것과 같다. 스스로를 다그쳐서 억지로 해왔던 일이 과연 내가 정말 하고 싶던 일이었을까? 자신을 핍박하는 것은 자신의 영혼과 육체만 괴롭힐 뿐이다.

우리가 정말 원하는 일은 스스로에게 열심히 하라고 채찍질하기 전에 능동적으로 나서서 즐기기 마련이다. 그러므로 다른 사람의 이런저런 훈수에 휘둘릴 일이 없으며, 그저 자신의 능력 범위 안에서 일을 성실히 처리하면 된다.

그러니 먼저 자신이 노력을 쏟고자 하는 정확한 방향 설정이 필요하다. 목적지 없이 무작정 전력 질주하지 말고, 우선 마음의 짐을 내려놓고 무엇이 나에게 가장 적합한 일인지를 차분히 생각해보자.

또 우리가 힘들게 쏟는 노력들이 때로는 그저 시간 낭비에 불과할 수도 있다. 이를 방지하기 위해서는 공부나 일을 할 때 일정한 타임라인을 설정하는 것도 좋은 방법이다. 예를 들어 자신이 공부나 일을 시작한 후 몇 시간이 지나면 힘들고 피곤해지는지를 파악해 적당한 휴식시간을 정한다거나, 해야 할 일을 몇 개의 덩어리로 소분류하고 그 덩어리마다 얼마간의 시간을 투자할 것인지 정하는 것이다. 이는 피로를 크게 감소시킬 뿐만 아니라 학습이나 업무 시간을 단축시켜 능률을 높이고 흥미를 유지하는 데도 큰 도움이 된다.

일할 때 집중력을 높이는 것 또한 중요하다. 산만한 생각은 몸의 피로감을 높이고 업무 처리시간을 지연시킨다. 또한 업무가 계속 지체될수록 일에 싫증을 느끼게 되고 시간을 맞추기 위해 억지로 노력해야 하는 상황이 발생한다. 이러한 악순환을 피하기 위해서는 몰입의 힘을 최대한 발휘하는 것이 중요하다.

두려움이 만든
상상이
성장을 가로막는다

중국 산산(杉杉) 기업의 창립자는 기자와의 인터뷰에서 다음과 같이 말했다.

"저는 계속 한 가지 일만 하는 건 싫어요. 재미없잖아요. 세상의 모든 것은 무(無)에서 유(有)가 된 후 성장, 쇠락, 죽음의 단계를 거치지요. 그러나 저는 평소에 많은 것을 생각하지만 쇠락과 죽음은 절대 생각하지 않아요. 오직 성장만을 생각하죠."

하지만 실제로 많은 사람은 습관적으로 쇠락과 죽음을 생각하곤 한다. 그들은 걱정과 두려움으로 곧 다가올 일, 먼 앞날에 일어날 법한 일을 상상하며 몸을 잔뜩 움츠린다.

case 이제 막 사회생활을 시작한 D는 인턴 기간이 끝났는데도 여전히 맡은 일에 전전긍긍하며 자신감이 없다. 상사는 이런 그의 소심한 모습을 보고 더 큰 경험을 시켜봐야겠다 싶어 "D 씨는 다음 주에 통역할 준비하세요"라며 중요한 일을 맡겼다.

갑자기 떨어진 막중한 임무에 D는 잔뜩 긴장해서 어쩔 줄 몰라 했다.

'큰일 났다! 자료 내용도 익숙하지 않은데 통역까지 해야 하다니… 난 망했어. 이제 어쩌지?'

한 동료가 얼굴에 수심이 가득한 D에게 말했다.

"정 하기 힘들 것 같으면 내가 할게. 넌 옆에서 내가 어떻게 하는지 잘 봐."

이 말을 들은 D는 감격에 차 연신 고개를 끄덕였다. 이렇게 그는 상사가 준 좋은 훈련의 기회를 놓치고 말았다. 이후에도 D는 언제나 열심히 일하긴 했지만 조금만 난이도가 높은 일이 주어지면 일을 망쳐버린 자신의 모습을 상상하며 뒷걸음쳤다. 결국 시간이 지나도 발전이 지지부진했던 그는 상사의 인정을 받지 못했고 그가 받는 급여도 인턴 시절과 큰 차이가 나지 않았다.

PART 05 초조함을 덜어내고 삶의 균형을 찾는 법 **125**

부정적인 상상은 우리의 성장에 훼방을 놓는다. 또한 미래에 대한 두려움은 마치 '슈뢰딩거의 고양이(오스트리아의 물리학자 슈뢰딩거가 설명한 이론으로, 밀폐된 상자 속에 독극물과 함께 있는 고양이의 생존 여부를 이용해 양자역학의 원리를 설명한 것이다. 상자 속 고양이의 생존 여부는 그 상자를 열어서 관찰해야만 확인되므로 관찰행위가 결과에 영향을 미친다는 사실을 설명하고 있다-역주)'처럼 일이 어떻게 진행될지 모르는 상황에서 제멋대로 그려질 수 있다. 그리 어려운 일이 아니라도 자기 암시를 거쳐 엄청난 고난이도의 일로 부풀어지는 것이다. 그러나 부정적인 상상을 깨고 한걸음 걸어 나오면 한없이 불가능해 보였던 일들은 그저 자신의 두려움으로 만들어진 상상일 뿐임을 알게 될 것이다.

case   운동 신경이 남다른 M은 어린 나이에 체육학교에 들어가 단거리 운동선수로 활동했다. 그는 전담 코치가 M을 위해 고안한 특별 훈련법에 따라 날마다 고된 훈련을 하며 크게 성장했다.

훈련 기간이 길어지자 M은 슬럼프에 빠지게 되었다. 아무리 달려도 자신의 평균기록을 깰 수 없었던 것이다. 이에 코치는 번뜩이는 아이디어를 생각해냈다. 코치는 달리기 시작 전 몰래 타이머의 초침을 2초 늦춰 놓았다. 그리고 M이 결승점에 도착하자 이렇게 말했다.

"너 오늘 컨디션이 많이 안 좋은가 봐. 평소 기록과 차이가 많이 나네."

기록을 확인하고 당황한 M은 두 번째 달리기에서 더욱더 필사적으로 스피드를 올렸다. 결국 그는 이날 훈련에서 자신의 평균 기록을 여러 차례 깼다. 훈련이 끝난 후, 코치는 M에게 상황을 설명했고 그는 자신의 기록 갱신에 놀라움을 금치 못했다.

우리가 심리적 부담을 줄이고 용기를 낸다면 생각했던 것보다 훨씬 좋은 결과를 만들어낼 수 있다. 새로운 도전에 두려움이 생기는 이유는 장벽이 높아서가 아니라 우리가 머뭇거리다가 마음의 장벽을 세워버렸기 때문이다.

과도한 상상은 잠재의식 속 '자기 암시'와 같다. 자기 암시는 긍정적인 면도 있고 부정적인 면도 있는데 부정적인 암시와 상상은 용기가 아닌 미지의 것에 대한 공포를 가져올 뿐이다.

상상이 나를 해치지 않게 하라. 특히 가장 중요한 것은 실패와 성공의 균형을 맞추는 것이다. 실패에 대한 공포가 성공에 대한 갈망보다 크면 의식적으로 실패의 대가를 상상하게 된다.

'이번에 실패하면 사람들의 비웃음거리가 되고 말 거야…' 이러한 부정적인 상상을 반복하다 보면 도전 의식을 잃게 되고 목표 달성에 대한 갈망도 점차 줄어 시도조차 하지 않고 포기하는 상황까지 이르게 된다.

부정적인 상상은 자신을 에워싼 심리적 장벽으로, 사람들은 이 장벽 속의 '컴퍼트 존(Comfort Zone)'에 숨어서 수많은 기회를 흘려보낸다. 하지만 긍정적인 사람들에게 이러한 상상쯤은 아무것도 아니다. 그들은 다양한 실패 가능성을 생각하기보다 바로 현실 속에서 행동으로 실천해 목표를 달성한다.

계획은
변화를
따라가지 못한다

때로 우리의 기분을 망치는 것은 오늘 있었던 일 때문이 아니라 앞으로 일어날 일에 대한 걱정 때문인 경우가 많다. 그러나 걱정으로 하루를 보낸다고 해서 고민은 결코 해결되지 않으며, 오늘 미리 걱정해 둔다고 해서 내일의 고민이 줄어들지는 않는다. 내일의 번뇌를 앞당겨 고민하며 걱정의 크기를 두 배로 늘리는 것보나 근심을 내려놓고 가벼운 마음으로 오늘에 임하는 것은 어떨까?

case 영국 청년 윌리엄 오슬러(William Osler)는 곧 졸업을 앞둔 의과

대학 학생이다. 그는 성적이 나쁘지는 않았지만 졸업이 임박해지자 잘 먹지도 못하고 잠도 못 이루며 종일 긴장과 불안에 휩싸여 있었다. '졸업 시험은 어떻게 통과하지?', '졸업하고 나면 무슨 일을 해야 하지?', '일자리를 구하지 못하면 어떡하지?' 실타래처럼 엉킨 고민은 그를 쉴 새 없이 괴롭혔다.

어느 날, 윌리엄은 책에서 그의 인생을 바꾸는 글귀 하나를 보았다.

"희미하고 불확실한 일을 걱정하기보다, 눈앞에 뚜렷하게 보이는 일에 집중하라."

이 말은 마치 어둠 속 한 줄기 빛과 같이 그에게 큰 깨달음을 주었다. 그때부터 그는 앞날에 대한 불필요한 걱정에 얽매이지 않고 자신의 꿈을 차근차근 이뤄나갔다. 훗날 윌리엄은 유명 의학자가 되었고 세계 최고의 의대인 존스 홉킨스 의대(Johns Hopkins University)를 설립하였다.

우리는 때로 '유비무환(有備無患)'이라는 이름의 망원경을 들고 먼 곳을 응시하며 앞날에 일어날 세세한 일들까지 알아내고자 한다. 그러나 먼 곳만을 바라보면 발밑을 제대로 볼 수 없고 미래에 대한 고민은 지금의 고민을 더 크게 만든다. 우리가 가진 시간은 그리 많지 않고, 내일의 고민을 미리 당기는 것보다 더 중요한 일들이 눈앞에 있는데도 말이다. 자신이 꿈과 멀어지고 있음을 한탄하고, 인생이 어렵다고 한탄해봤자 괜한 고민만 커져갈 뿐이다.

걱정은 꼬리에 꼬리를 물고 더 많은 걱정을 가져온다. 이럴 때일수록, 내일 어떤 어려움이 생겨도 당당히 맞서 해결하겠다는 강인함이 필요하다. 이는 쓸데없는 걱정보다 훨씬 더 중요하다.

세계에서 두 번째로 큰 자원개발 지원업체를 창립한 핼리버턴(Halliburton)은 "걱정을 안고 잠자리에 드는 것은 무거운 짐을 짊어지고 자는 것과 같다"라고 말했다. 걱정은 극히 정상적인 일이지만 걱정이 자신의 삶에 방해가 되거나, 내일에 대한 두려움으로 전진할 용기까지 잃어서는 안 된다.

사회적 스트레스가 심해지면서 졸업 증후군에 시달리는 대학생들이 점차 늘어나고 있다. 심지어 어떤 예비 졸업생들은 사회에 발붙이지 못하고 집에만 있는 자신을 상상하며 마음을 졸이기도 한다. 그런데 아무리 졸업이 걱정되고 두렵다고 해서 졸업하지 않을 것인가? 직장을 구하지 않을 것인가? 어차피 언젠가는 겪어야 할 일들이다.

사람들은 "지금 이 순간을 살아라"라는 말을 하곤 한다. 설사 내일 더 많은 걱정거리가 생긴다고 해도 오직 오늘만 느낄 수 있는 행복이 있지 않은가. 내일은 어떤 일이 일어날지 예측할 수 없는 불확실성으로 가득 차 있다. "계획은 변화를 따라가지 못한다"라는 말처럼, 내일에 대한 고민으로 오늘을 망치는 것보다 오롯이 오늘에 충실하는 것은 어떨까?

앞으로 겪을 고충들을 고민하느라 하루하루를 근심 속에서 보내면 고민은 오히려 눈덩이처럼 불어나기만 한다. 우리의 인생은 짧다. 강인한 마음을 갖고 일분일초를 소중히 여기며 눈앞에 놓인 길을 꿋꿋하게 걷는다면 아무리 많은 어려움이 있더라도 의연하게 대처할 수 있다. 아무리 행복한 사람도 고민이 있고, 아무리 불행한 사람도 즐거운 일이 있는 법이다. 하지만 고민의 끈을 놓지 못하고 얽매인 채라면 즐거움은 모두 사라지게 될 것이다.

앞날에 대한
생각을 비워야
나아갈 수 있다

영어 공부를 해야겠다는 마음은 굴뚝같은데 엄청난 어휘량과 복잡한 문법 때문에 포기하고, 자격증을 따고 싶어도 일이 바빠 시간을 낼 수가 없고, 더 나은 직장으로 옮기고 싶어도 이직 후 적응이 안 될까 봐 머뭇거린다.

우리가 머리 싸매고 고민만 하고 새로운 일에 선뜻 나서지 못하는 이유는 능력이 부족해서가 아니라 시작하기도 전에 미래에 대한 부정적인 가상을 세우고 지레 겁을 먹기 때문이다.

case 한 기계 공장이 재정 상태가 좋지 않아 구조조정을 준비하고 있었다. 감원 대상은 청소원부터 공장의 부서장까지 범위가 넓었다. 공장의 감원 소식이 직원들에게 알려지기 전, 어느 유능한 여성 엔지니어가 무심코 그 소식을 알게 되었다. 원래 일 잘하기로 정평이 났던 그녀는 감원 소식에 큰 충격을 받고 그 다음 날부터 초보적인 업무 실수를 저지르는 등 부쩍 의기소침해지고 자신감을 잃었다.

아니나 다를까 얼마 후 통지된 감원 명단에는 그녀의 이름이 포함되어 있었다. 그녀는 하루아침에 실직자 신세가 된 것이다! 유능한 엔지니어의 감원 소식으로 공장 전체는 시끌벅적했다. 그녀는 청천벽력과 같은 소식을 듣고 원망도 하고, 분노도 하고, 항의해보기도 했지만 아무런 소용이 없었다. 반면 사전에 아무런 소식도 듣지 못했던 직원들은 여느 때처럼 묵묵히 일하며 감원의 칼날을 피할 수 있었다.

우리를 무너뜨리는 것은 외부의 압력이 아니라 자신의 내면에서 무한대로 커지는 두려움이다. 때로는 많이 알면 알수록 오히려 결정을 내리기 어려운 경우가 많다. 반면 미래의 험난함을 모르는 사람은 일이 닥쳤을 때 오히려 더 의연하게 자신의 목적을 달성하곤 한다.

case 1796년 독일의 괴팅겐 대학에 재학 중이던 19세의 청년은 평소처럼 담당 교수가 내준 수학 과제를 풀고 있었다. 그는 세 문제 중에서 두 문제는 두 시간 만에 순조롭게 끝났지만, 세 번째 문제에서 난관에 부딪혔다.

"컴퍼스와 삼각자를 가지고 정 17각형을 그려내라."

이 문제는 풀면 풀수록 더 어렵게 느껴졌고 그동안 자신이 배운 모든 수학 지식도 이 문제를 푸는 데 아무런 도움이 되지 않았다. 이 문제는 청년의 투지를 불러일으켰다. 그는 컴퍼스와 삼각자를 들고 평소와 다른 방식으로 접근해 이 문제를 차근차근 풀어갔다. 시간이 흘러 동이 트고 빛이 창문으로 들어오자, 마침내 청년은 이 문제를 푸는 데 성공했다.

담당 교수는 청년이 제출한 숙제를 검토하고는 까무러칠 듯 놀랐다. 그 교수가 떨리는 목소리로 말했다.

"자네 정말 혼자 이 문제를 풀어냈나? 자네가 2000년 동안 수

학계의 현안이던 문제를 푼 걸세! 아르키메데스도 풀지 못하고, 뉴턴도 풀어내지 못한 문제를 자네가, 그것도 하룻밤 새 풀어내다니! 오, 이럴 수가. 내가 요즘 이 문제를 연구하다가 어제 실수로 자네 숙제에 끼워서 줬는데 이렇게 문제를 해결하다니! 자넨 천재야, 천재!"

이 청년이 바로 정 17각형 작도법을 발견해 수학계 전체를 들썩이게 한 수학자 가우스(Carl Friedrich Gauss)다. 오랜 시간이 흐른 뒤, 수학자 가우스는 문제를 풀었던 그날 밤을 생각하며 이렇게 말했다.

"만약 누군가가 그 문제가 2000년 동안 아무도 풀지 못한 난제였다는 것을 알려줬다면, 아마 저도 그날 저녁에 그 문제를 풀어내지 못했을 것입니다."

가우스의 일화는 우리에게 많은 시사점을 주고 있다. 우리는 아주 단순한 일도 머릿속에서 잡생각을 키우다가 시간을 지체하기도 하고, 호기롭게 행동에 나섰다가도 주변 사람의 걱정 섞인 말을 듣고 지레 포기하는 경우도 있다.

이처럼 우리가 고민하는 이유는 실제로 어떤 어려움에 부딪혔기 때문이 아니라 주변에서 "어렵다"는 말을 듣고 망설이기 때문이다. 무언가를 해야겠다고 결심했다면, 시작하기도 전에 지레 겁먹지 말고 마음의 두려움을 극복하여 한 발 한 발 나아가자. 그러다 보면 언젠가는 반드시 원하는 목표를 이룰 수 있을 것이다. 앞날의 어려움을 모르는 사람이 오히려 더 용감하게 전진할 수 있다는 것을 명심하자.

PART 06

잘나가는 사람을 보면

왜 마음이 불편해지는 걸까?

비교는
밑 빠진 독에
물 붓기다

　　요즘 사람들은 SNS로 자신을 드러내는 데 적극적이다. 너도나도 SNS에 허세 가득한 사진을 올리며 집, 자동차, 결혼식, 화장품 등 서로 가진 모든 것을 비교하고 또 비교한다. 마치 그렇게 하지 않으면 다른 사람에게 무시당할까 봐 발버둥치는 것처럼, 과시하기 위해 불필요한 소비도 마다하지 않는다. 그러나 과시를 위한 사치는 삶에 불필요한 긴장감을 더해 몸과 마음을 점점 지치게 만들 뿐이다.

　　물론 대부분의 사람은 부자를 부러워하고 그들처럼 풍족한 인생을 꿈꾼다. 그러나 사치는 행복과 비례하지 않으며 때로는 사치가 행복을 방해하기도 한다. 예를 들어 평범한 직장인이 아내에게 값비싼

고급 화장품을 사주기 위해 한 달 치 월급을 다 써버렸다고 생각해보자. 이는 남은 한 달 동안 생활하는 데 큰 경제적 타격을 입힐 것이고, 가족들을 돌보는 데도 영향을 끼칠 것이다.

case 대기업에 다니는 Y는 언제나 얼굴에 수심이 가득하다. 젊은 나이에 성공한 주변 사람들을 보면 자신의 신세가 한없이 처량하게 느껴지기 때문이다. 그는 종종 자신을 '늙은 거지'라 칭하며 스스로를 비하하곤 한다. 그런 Y가 유일하게 만족감을 느끼는 곳은 바로 대학 동창 모임이다. 하루하루 먹고살기도 버거운 동창들은 대기업에 입사한 Y를 반에서 가장 성공한 사람이라며 추켜 세워주기 때문이다.

비교는 밑 빠진 독에 물 붓기다. 우리가 영혼까지 끌어모은 노력으로 얻은 부나 명예가 주변 사람보다 우위에 있는 것처럼 느껴져도 조금만 주위를 둘러보면 더 부유한 사람은 또 금방 찾을 수 있다. 그 순간부터 다시 현재에 만족하지 않고, 그들보다 더 우위에 서기 위해 끊임없이 경주마처럼 달리는 삶을 살게 된다.

다른 사람과 자신을 비교하는 것은 물질적 부에 대한 끝없는 탐욕이다. 아무리 많은 재산도, 아무리 높은 지위도 사람의 탐욕을 만족시킬 수 없다. 또한 탐욕이 채워졌다고 해서 반드시 행복이 보장되는 것도 아니다.

행복은 부의 많고 적음이나 지위의 높고 낮음에 의해 결정되는 것이 아니라 스스로 얼마나 만족하느냐에 달려 있다. 자족할 줄 아는 사람이야말로 행복한 사람이다. 여기서 '자족'이란 맹목적인 긍정이나 안일한 태도를 의미하지 않는다. 자족하는 사람도 다른 사람처럼 열심히 고군분투하지만, 다른 점이 있다면 그들이 내딛는 발걸음은 더욱 견실하고 침착하며 신중하다.

사람의 매력은 남보다 뛰어난 능력이 있다고 해서 생기는 것이 아니라, 남다른 분위기를 갖고 있을 때 풍겨난다. 이 분위기 속에는 그 사람의 모든 경험이 함축되어 있다.

"지금 당신이 풍기는 분위기 속에는 당신이 걸어온 길, 읽은 책, 그리고 사랑했던 사람들이 숨겨져 있어요."

영화 〈카사블랑카(Casablanca)〉의 대사처럼, 한 사람이 풍기는 분위기는 다른 사람이 모방할 수 없는 유일하고 대체 불가능한 것이다.

우리 모두는 세상에 둘도 없는 유일무이한 존재다. 용감하게 진정한 자신을 마주하다 보면 그렇게 비교당했던 '남'들도 사실은 나와 다를 바 없는 존재임을 알게 될 것이다. 묵묵히 자신만의 길을 걸으며 남의 성공을 질투하거나 모방하지 말자.

판단력을
흐리게 하는 감정,
질투심

우리는 때로 다른 사람의 장점을 보면 뭔가 심기가 불편해진다. 시기하는 마음 때문이다. 하지만 상대의 장점을 시기하는 것은 자신에게 아무런 도움이 되지 않는다. 또한 이러한 감정이 오랫동안 마음속에 쌓이면 개인의 판단이 흐려지고 자신과 타인 모두에게 해를 끼치게 된다.

case 이사를 계획하던 한 청년이 새로 이사 갈 마을을 찾아갔다. 그는 온 김에 함께 지내게 될 마을 사람들이 어떤지 알아봐야겠다고 생각했다. 바로 그때, 거리 한구석에서 머리를 푹 숙이고 신발을 고치고 있는 구두장이 영감이 보였다. 청년은 냉큼 그에게 달려가 물었다.

"영감님, 이 마을에서 오래 사셨죠?"

구두장이 영감은 청년을 힐끗 쳐다보더니 하던 일을 멈추지 않고 대답했다.

"그렇고말고. 내가 이 동네에서 산 지도 벌써 40년이 넘었지."

"그럼 이 마을 사람들이 어떤지 말씀 좀 해주시겠어요? 이곳 사람들은 호의적인 편인가요? 외지에서 왔다고 텃세를 부리지는 않죠?"

청년의 질문에 영감은 그제야 고개를 들어 그를 쳐다보았다.

"그럼 자네가 살던 동네 사람들은 어땠나?"

"그 사람들은 진짜 별로예요. 뒤에서 이러쿵저러쿵 말도 많고, 저를 진심으로 대하는 사람을 한 사람도 못 봤다니까요. 그 동네에서는 자칫 잘못하다간 사기당하기 십상이에요!"

영감은 잔뜩 흥분한 청년의 말이 끝나자 차갑게 대답했다.

"내가 보기에 자네는 이곳으로 이사 오지 않는 것이 낫겠네. 이 동네 사람들은 그곳 사람들보다 훨씬 더 악질이거든!"

청년은 영감의 말에 순간 어안이 벙벙했다.

1년 후, 또 한 명의 청년이 이사를 와 구두장이 영감에게 똑같은 질문을 했다. 영감은 그때와 마찬가지로 기존 동네의 사람들은 어떠냐고 반문했다. 순간 청년의 얼굴에 화색이 돌았다.

"우리 마을 사람들은 모두 좋아요. 언제나 서로에게 따뜻한 관심을 보이고 누군가 어려움에 처하면 너도나도 앞장서서 도와주려고 하지요. 서로 어찌나 관계가 끈끈한지 모두 한 가족처럼 느껴지기도 해요. 저도 일 때문만 아니었으면 이사는 생각도 안 했을 거예요."

이에 영감은 환하게 웃으며 대답했다.

"걱정 말게. 이 동네 사람들도 그곳 사람들처럼 서로 가족처럼 잘 지낸다네. 늘 따뜻한 마음으로 서로를 도와주지. 게다가 새로 온 외지인들에게도 아주 호의적이어서 자네가 이곳으로 이사 온다면 복 받은 게 틀림없네!"

구두장이 영감이 왜 두 청년에게 전혀 다른 대답을 했는지 눈치를 챈 독자도 있을 것이다. 첫 번째 청년은 어디를 가든지 위선적이고 차

가운 사람들을 만날 것이며, 두 번째 청년은 어디를 가든지 따뜻하고 온화한 사람들이 그를 기다리고 있을 것이다. 왜일까? 마음이 편협한 첫 번째 청년은 아무리 좋은 사람이 다가와도 상대의 장점은 보지 못하고 좋지 않은 모습만 찾아 사람을 평가하는, 자신의 큰 실수에는 관대하고 남들의 사소한 실수는 절대 용서하지 못하는 '내로남불' 타입이다. 반면 남다른 포용심을 가진 두 번째 청년은 주위 사람들의 장점을 크게 보고 누군가 잘못을 해도 따뜻하게 보듬어주며 일상생활에서 쉽게 행복을 느끼는 타입이다.

다른 사람과 잘 어울리기 위해서는 용기와 아량, 기개가 필요하다. 누군가와 교제하고 싶다면 돋보기를 들고 그의 결점을 찾으려고 안간힘 쓰지 말고 진심 어린 마음으로 친근하게 다가가자. 건강한 마음가짐은 건강한 인간관계, 건강한 근무 태도, 건강한 삶의 질로 이어진다.

자기 자신을
흠모하는 사람이
아름답다

"행복이란 무엇인가?"라고 물으면 대부분 모호하게 느껴지지만 "행복한 모습은 무엇인가"라고 물으면 머릿속에 구체적인 행복한 장면들이 떠오를 것이다. 우리는 때로 남이 가진 모든 것을 부러워하고 그들의 삶이야말로 행복이라고 생각하곤 한다. 그러나 다른 사람이 무엇을 얼마나 가지고 있든, 그것은 나와는 무관하다. 내가 가지고 있지만 미처 깨닫지 못하고 있는 것, 그곳에 가장 소중한 행복이 숨어 있다.

작은 하천을 가운데 두고 양쪽 기슭에 스님과 농부가 각각 살고 있었다. 스님은 날마다 맞은편 기슭에 있는 농부를 바라보며 부족함 없이 풍족해 보이는 그의 삶을 매우 부러워했다. 반면 농부는 스님이 언제나 유유자적하게 종을 치고 경을 읊으며 아무런 근심 걱정 없이 사는 것을 보고 그의 삶을 동경했다. 그들은 서로 같은 꿈을 품고 있었다.

'맞은편 기슭에 가서 새로운 인생을 살면 얼마나 좋을까?'

그러던 어느 날 우연히 만나게 된 두 사람은 서로의 신분을 맞바꾸기로 합의했다. 그렇게 농부는 스님이 되고, 스님은 농부가 되었다. 그런데 농부가 스님이 되어 살아 보니 스님의 생활은 보기와 달리 너무 고된 생활이었다. 여유롭게만 보이던 종을 치고 경을 외우는 일은 세세한 것도 놓쳐서는 안 되는 매우 까다로운 일이었다. 판에 박은 듯 단조로운 삶은 너무 지루해서 견딜 수가 없었다. 그는 날마다 종을 치고 경을 읊은 뒤 하천 기슭에 앉아 맞은편에서 즐겁게 일하고 있는 스님을 부러운 눈으로 바라보았다.

반면 농부가 된 스님은 그보다 더 괴로워했다. 세속의 번뇌와 노고를 겪어야 하는 농부의 삶은 하루하루가 고역이었다. 그래서 스님도 농부처럼 매일 하천 기슭에 앉아 맞은편에서 들려오는 경 읊는 소리를 들으며 자신의 지난날을 매우 그리워했다. 결국, 그들의 마음속에 또 다른 목소리가 동시에 울려 퍼졌다.
'돌아가자! 그곳이야말로 나에게 꼭 맞는 삶이었어!'

자신이 가진 것들을 소중히 여기자. 그것들이 사라진 뒤에 소중함을 느끼면 너무 늦지 않겠는가. 내 것을 감사히 여기고, 내 소유가 아닌 것에는 눈길을 거두자. 내가 가진 것들을 소중히 여기며 누리는 것이야말로 가장 큰 행복이다.

사람들은 습관적으로 다른 사람을 부러워하기만 할 뿐, 자기 자신을 흠모하는 사람은 많지 않다. 하지만 자신을 흠모할 줄 아는 사람이야말로 진정으로 부러움을 살 만한 사람이다. 나의 꽃이 남의 것보다 아름답거나 귀하지 않다고 해도 나의 꽃이 주는 기쁨은 다른 것과 비교할 수 없다. 눈에 보이는 것은 그저 표상일 뿐이다. 내가 소유한 것에 관심을 갖고 소중히 여기다 보면 유일무이한 행복을 느끼게 될 것이다.

부정적인 감정을 줄이고
마음의
균형을 찾는 법

중국 배우 판창장(潘長江)은 희극, 영화, 드라마 등 다양한 장르에서 관객들의 꾸준한 사랑을 받아왔다. 어느 날, 기자가 그에게 물었다.

"혹시 키가 작아서 콤플렉스를 느낀 적이 있나요?"

그러자 판창장은 그의 트레이드마크인 호탕한 웃음소리를 내며 말했다.

"제가 바로 농축된 에센스 아닙니까!"

우리 모두는 저마다 부족한 면을 가지고 있고 때로는 우리가 아무리 노력해도 바꿀 수 없는 것들이 있다. 하지만 이 때문에 머리 싸매고 전전긍긍하는 것보다 마음의 균형을 찾아 긍정적인 태도로 임하는 것이 좋다. 또 우리가 불리한 조건과 환경에 처했을 때 심리적인 균형을 찾는 법을 배우게 된다면 스스로 주도권을 잡고 더욱 의연하게 대처할 수 있다.

(case) 어느 날 미국 로널드 레이건(Ronald Reagan) 대통령은 성대한 규모의 피아노 연주회를 개최했다. 연주회에는 당시 정치계, 음악계, 예술계의 풍운아들이 대거 참석했다.

레이건 대통령이 무대 위에서 연설하고 있을 때였다. 갑자기 의자에 앉아 있던 영부인 낸시(Nancy Davis Reagan) 여사가 실수로 무대 아래로 떨어져 모두가 비명을 질렀다. 하지만 낸시 여사는 당황하지 않고 재빠르게 무대에 올라와 관객들에게 환한 웃음을 보여주었다. 순간 관객들의 뜨거운 박수가 장내를 가득 메웠고 여사는 여유롭게 다시 자리에 앉았다. 이에 레이건 대통령이 낸시 여사를 바라보며 짓궂게 말했다.

"여보, 왜 이렇게 마음이 급해요? 내 연설이 썰렁해서 박수를 못 받을 때 그 찬스를 쓰라고 했잖아요."

대통령의 말이 끝나자 모든 관객이 다시 한번 우레와 같은 박수를 보내며 환호했다.

마음의 균형을 찾는 것은 이처럼 우리가 실수했을 때 자신의 부족함을 유연하게 넘길 수 있는 방법일 뿐만 아니라 자신감, 의연함, 소탈함 등 내적 강인함을 유지시켜주는 것이다.

마음의 균형을 찾는 방법은 여러 가지가 있는데 그중 가장 많이 쓰이는 것은 바로 자기 암시다. 끊임없는 자기 암시를 통해 만족감을 얻으면 자신의 부족함이나 어려운 상황에 더이상 얽매이지 않게 된다.

예를 들어 개인별 실적 차이가 큰 영업직은 실적에 따라 어떤 사람은 엄청난 수익을 얻고 어떤 사람은 기본급만 받는 경우도 있다. 이 때문에 상대적 박탈감을 느낀다면 자기 암시를 통해 심리적인 균형을 맞춰 마음의 짐을 내려놓는 것이 좋다. '괜찮아. 운이 별로 안 좋았을 뿐이야' 또는 '그 사람도 언제나 실적이 좋았던 건 아니잖아. 나도 계속 뒤처지진 않을 거야'라고 자기 위안을 해보는 것이다. 이러한 심리적 암시로 부정적인 감정을 줄이는 것은 현실을 좀 더 이성적으로 바라보게 해주는 효과적인 방법이다.

마음의 균형을 찾는 것은 자기 도피가 아니라 마음의 짐을 벗어 던지고 용감하게 전진하는 것이다. 스스로 부족함을 느끼거나 다른 사람에게 부정당할 때마다 깊은 자괴감에 빠지지만 말고 마음의 균형을 찾고, 스스로에게 응원의 박수를 쳐주자.

PART 07

불안을 넘어서야

자존감이 무너지지 않는다

당신이 걱정하는 일 중
99퍼센트는
일어나지 않는다

때로 우리 주변에는 자신이 앞날을 예측할 수 있고, 그 예측을 통해 자신의 미래를 바꿀 수 있다는 공상에 빠진 사람들이 있다. 그들은 끊임없이 미래에 대한 준비를 해야 한다고 외치며 '유비무환'의 정신을 강조한다. 그들은 미래에 대한 대책을 세우기 위한 걱정 속에서 노심초사하며 하루하루를 보낸다.

미래에 대한 지나친 걱정은 그저 불필요한 감정 소모일 뿐이다. 또 우리가 걱정하는 일 중 99퍼센트는 일어날 가능성이 없다는 것도 자명한 사실이다. 머릿속에서 한없이 '가설'과 '과장'의 나래를 펼치다 보면 공포심에 휩싸여 헤어 나오기 힘들어질 뿐이다. 이처럼 때로 우리의 괴로움은 불필요한 마음의 근심에서 시작해 자승자박(自繩自縛)의 결과를 초래하곤 한다.

case 어느 스님이 좌선에 몰입하려고 할 때마다 큰 개미 한 마리가 나타나 그의 주위를 왔다 갔다 하며 훼방을 놓았다. 스님은 개미가 너무 신경이 쓰여 이 일을 사부님께 말씀드렸다. 그러자 사부님은 그에게 "다음부터 좌선할 때마다 붓을 하나 가져와서 개미가 오면 개미의 몸에 붓으로 표시를 하게. 그리고 우리 함께 그 개미를 잡을 방도를 생각해보세"라고 말했다.

그 후 스님이 좌선을 시작하자 어김없이 개미가 또 나타났고 스님은 사부님의 말에 따라 개미의 몸에 동그라미를 쳤다. 그리고 곧 개미가 떠나자 그는 평온하게 좌선을 시작했다. 그런데 좌선을 끝내고 눈을 떠보니 자신의 뱃살에 동그라미가 그려져 있었다.

중국에 "세상의 모든 걱정은 스스로 만들어낸 것이다"라는 속담이 있다. 실제로 우리가 걱정하는 일 중 대부분은 전혀 일어나지 않은 일이다. 우리가 때로 걱정에 빠져 헤어나지 못하는 것은 '붓으로 번뇌를 표시할 수 없다'는 것을 깨닫지 못했기 때문이다. 실제로 우리 주위에는 불필요한 걱정으로 자승자박에 빠지는 사람들이 많다. 심지어 어떤 이들은 걱정 때문에 잠을 설치고 병까지 얻기도 한다.

case 외국계 회사의 행정부에서 임원직을 맡고 있는 L은 최근 들어 부쩍 초조함을 느끼곤 한다. 그녀는 이렇게 말했다.

"제가 이 회사에서 일한 지 5년 정도 됐어요. 평사원에서 지금의 자리로 오기까지 정말 많은 노력을 했어요. 그런데 요즘 회사에서 스무 명을 감원한다는 얘기가 나오는데 제가 감원 대상이 될까 봐 불안해요. 제 나이도 벌써 서른다섯인데 다시 직장을 구하려면 패기 왕성한 젊은 친구들을 어떻게 이기겠어요."

그녀의 불안감은 날로 심해졌고, 일을 하면서도 심란한 마음을 떨칠 수 없어 좀처럼 집중을 할 수 없었다.

이처럼 우리 주변에는 늘 앞날에 대한 의심과 걱정에 빠져 하루하루를 힘겹게 사는 사람들이 많다. 우리는 그들에게 근심 걱정을 내려놓고 마음을 편히 가지라고 말하곤 한다. 그런데 정작 왜 자신은 근심과 걱정의 굴레에서 벗어나지 못하는 걸까? 절대 일어나지 않을 일에 시달리는 것만큼 슬픈 일은 없다.

불필요한 마음속 괴로움에 빠져 정신적 고통에 시달리기보다는 마음을 가라앉히고 눈앞의 일을 차분히 해나가는 것이 좋다. 한 스님이 제자들에게 "들판의 잡초를 제거하는 가장 좋은 방법은 그 위에 곡식을 심는 것이다"라고 말했다. 우리의 마음도 들판과 같다. 머릿속의 부정적인 정보를 몰아내기 위한 가장 좋은 방법은 긍정적인 정보로 채우는 것이다. 긍정적인 메시지를 머릿속에 가득 채우는 것은 마치 따스한 햇살이 마음의 들판을 내리쬐는 것과 같다.

일이 실제로 일어나기 전까지의 모든 걱정은 헛되고 무의미하다. 또 정신적 긴장과 공포 속에서 생기는 걱정은 대부분 과장된 것이며 발생할 가능성이 희박하다. 그러니 걱정의 짐을 내려놓고 현재를 직시하자. 마음의 근심이 클수록 조급함과 잡념을 버리고 눈앞의 일에 전념하는 것이야말로 가장 중요하고 생산적인 일이다.

항상
불안감에 시달리는
당신에게

많은 사람이 '안정감'을 추구하며 추운 겨울을 앞둔 다람쥐같이 분주하게 움직인다. 게다가 먹고사는 데 문제가 전혀 없는 사람들조차도 잠시만 쉬어도 큰일이 나는 것처럼 습관적으로 바쁘게 살아간다.

사람들에게 "어떤 삶이 안정감 있는 삶이냐"라고 물으면 돈이 많은 삶, 건강한 삶, 가족과 함께하는 삶, 자유로운 삶 등 다양한 대답을 할 것이다. 안정감은 마음의 만족을 의미하기에 사람마다 생각하는 안정감의 정의는 모두 다르다. 중요한 것은 안정감은 돈으로 살 수 없기에 부자들조차도 늘 불안감을 느끼며 산다는 것이다.

(case) 한 청년이 있었다. 그는 나름대로 열심히 살았지만 생각처럼 돈이 모이지 않아 늘 자신의 신세를 한탄했다. 어느 날 청년은 혹시 자신의 팔자에 재물운이 없나 싶어 눈먼 점쟁이를 찾아가 물었다.

"친구들은 모두 저보다 잘사는데 왜 하필이면 저만 가난한 걸까요?"

"가난하다고? 자네는 가난하지 않은데?"

"전 비싼 옷도, 명품 스포츠카도 못 사고 해외여행도 갈 수 없는 걸요. 이렇게 아무것도 가진 것이 없는데 가난하지 않다니요."

"만약 1년 동안 옥살이를 하는 대신 자네에게 1만 위안을 주겠다면 어떻게 하겠는가?"

"거절해야죠."

"그럼 자네의 두 다리를 자르는 대신 10만 위안을 준다면 받아들이겠는가?"

"아니오."

"그렇다면 자네의 가장 귀한 사람을 잃는 대신 100만 위안을 준다면 어떻게 하겠는가?"

"싫습니다."

"마지막으로 자네의 죽음을 대가로 천만 위안을 준다면 받아들이겠는가?"

"말도 안 되죠! 지금 무슨 소리 하시는 거예요!"

"바로 그거네. 자네는 자유, 건강, 사랑, 생명 이 모든 것을 갖고 있네. 자네는 이미 천만 위안의 부를 가진 사람인데 아직도 부족함을 느낀단 말인가?"

점쟁이의 말을 들은 청년은 순간 모든 것을 깨달았다. 그는 더 이상 자신이 가진 것이 없다고 불평하지 않고 하루하루를 즐겁고 성실히 보냈다.

석유왕 존 록펠러(John D. Rockefeller)는 이렇게 말했다.

"내가 아는 사람 중 가장 가난한 사람은 돈 말고는 가진 게 없는 사람이다."

돈이 원하는 삶을 가져다줄 수는 있지만 그게 다는 아니다. 사막에서는 물 한 주전자만 있어도 마음이 든든하고, 침몰하는 배에서는 구명조끼만 있어도 마음이 놓인다. 실제로 '안정감'이란 우리가 얼마나 가지고 있느냐가 아니라, 우리 내면에서 진정으로 얻고자 하는 것이 무엇인지, 주변의 것들에 대해 어떻게 생각하는가에 달려 있다.

안정감은 마음속의 만족에서 나온다. 평온함, 무병무재(無病無災), 화목함, 즐거움 등의 감정은 안정감에 속하며 이런 안정감은 우리의 직업이 무엇인지, 얼마나 많은 돈이 있는지와는 전혀 무관하다. 그러니 스스로 자신의 삶에서 진정 원하는 것이 무엇인지 생각해보고, 지금껏 소중함을 깨닫지 못해 놓치고 있었던 주변의 행복 요소를 찾는 데 주의를 기울여보자.

걱정은
상황을
악화시킬 뿐이다

사람들은 때로 스스로 해결할 수 없는 일에 머리를 싸매고 걱정한다. 그러다 문제가 해결된다면 다행이지만 사실 걱정은 자신의 마음만 답답하게 할 뿐 아무런 도움이 되지 않으며 상황을 더욱 악화시킬 수도 있다.

case 한 할머니가 몸이 좋지 않아 병원에 갔다가 신장염이라는 판정을 받았다. 이에 할머니는 수심에 가득 찬 얼굴로 자식들에게 "난 이제 얼마 살지 못하겠구나"라고 말했다.

자식들은 어머니가 돌아가실 날이 얼마 남지 않았다는 생각에 눈물로 하루하루를 보냈고 어머니의 성화에 못 이겨 장례 준비까지 시작했다.

어느 날, 혼자 병실에 있던 할머니는 머릿속이 복잡해졌다. '내가 죽고 나면 늙은 남편은 혼자 남아 고생하겠지. 손자 손녀들은 할머니 사랑도 제대로 못 받고 크겠구나. 딸은 시집가서도 기댈 친정이 없을 텐데 이 가여운 걸 어쩌나…?'

할머니의 근심이 깊어질수록 병세는 더욱 악화됐고 결국 할머니는 쓰러지고 말았다.

그런데 의사가 재검을 해보니 신장염은 오진으로 밝혀졌다. 할머니는 신장염에 걸린 것도 아닌데 괜한 마음의 병으로 쓰러진 것이다.

세상에는 우리의 의지로 바꿀 수 없는 일들이 많다. 그런 일들을 떨쳐내지 못하고 괴로움과 걱정에 빠져 있는 것보다 주어진 하루하루를 홀가분하게 사는 것이 낫지 않을까?

어릴 적부터 등산을 좋아했던 D는 에베레스트 등정의 꿈을 품고 있었다. 그런데 어느 날 갑자기 등이 아파 병원에 가서 CT 촬영을 한 결과 혈관종이라는 진단을 받았다. 의사는 그에게 이렇게 말했다.

"앞으로 심하게 몸을 쓰면 안 돼요. 격렬한 운동을 해서 혈관이 파열되면 하체 마비까지 올 수 있습니다. 그리고 아무리 관리를 잘해도 몇 년 후에는 휠체어를 타야 할지도 몰라요."

청천벽력 같은 의사의 말을 듣고 집에 돌아온 그는 며칠 동안 수심에 잠겼다.

'앞으로 어떻게 살아야 하지, 난 아직 이렇게 젊은데…'

그렇게 며칠이 지난 후 D는 놀라운 결정을 내렸다.

'에베레스트를 등정하자! 집에 틀어박혀 걱정만 하는 것보다 꿈을 이루러 가는 것이 낫지 않겠어?'

그는 자신의 결정에 흥분을 금치 못했다. 그동안 이런저런 핑계로 미뤄왔던 에베레스트 등정의 꿈을 드디어 실현할 수 있게 된 것이다. 그는 먼저 등산을 위한 체력 단련 계획을 꼼꼼히 세웠다. 2년 뒤, 그는 친구와 함께 티베트로 건너가 중국 산악기지에서 고산 훈련을 한 뒤 에베레스트 등정을 시작했다. 놀랍게도 그는 이 모험적인 도전을 통해 꿈을 이루었을 뿐 아니라 그 후로도 휠체어 없이 건강한 삶을 살았다.

세상에는 우리가 통제할 수 없고 바꿀 수 없는 일들이 참으로 많다. 통제 불가능한 일이 생기면 마음의 여유를 갖고 자신의 능력 범위 내에서 최선을 다해보자. 그래도 상황이 바뀌지 않는다면 그때는 과감히 포기하고 '운명'에 맡기는 것이 좋다.

과거의 고민은 이미 지나갔고, 내일의 고민은 불투명하다. 그러므로 지금 눈앞에 놓인 문제에 집중하는 것이 가장 현명한 선택이다. 그리고 남은 문제들에 대해서는 이렇게 생각해보자.

'하늘이 무너져도 솟아날 구멍이 있겠지!'

지나친 경계는
자승자박을
불러온다

의심이 많아 다른 사람을 잘 믿지 못하고 늘 경계심을 갖고 사는 사람들이 많다. 그러나 이러한 맹목적인 의심과 경계는 타인의 선의마저 왜곡시켜 관계에서 더 큰 괴로움의 늪에 빠지게 만든다.

(case) 언제나 고개를 푹 숙이고 있는 소녀 S. 오른쪽 얼굴에 커다란 모반이 있는 그녀는 남들이 그걸 보고 비웃을까 봐 항상 두려워했다. 어느 날 S는 장신구 가게에 들어가 녹색 리본을 하나 샀다. 그러자 가게 주인이 그녀에게 리본이 무척 잘 어울린다며 칭찬

을 아끼지 않았다. 하지만 S는 주인의 말을 그대로 받아들이지 않고 오히려 자신을 놀리고 있다고 의심했다.

학교에 간 S가 교실에 들어가다가 선생님과 마주쳤다. 선생님은 그녀의 어깨를 두드리며 말했다.

"S야, 새 리본을 샀구나! 너한테 정말 잘 어울린다! 너무 예뻐."

순간 S의 얼굴이 빨갛게 확 달아올랐다.

'뭐야, 선생님까지 나를 비웃잖아?'

다음 날 아침, S는 죽어도 학교에 가지 않겠다고 떼를 쓰며 엄마가 이유를 물어도 절대 입을 열지 않았다. 며칠 뒤 S는 엄마를 끌고 병원에 가서 모반 제거 수술을 하고 나서야 학교에 다시 나가기 시작했다.

과한 의심으로 자신에게 진심으로 다가오는 사람까지 멀어지게 하지 말자. 인간관계는 상호 믿음을 바탕으로 이루어지며 믿음은 아무런 근거 없이 생기지 않는다. 타인의 신뢰를 얻으려면 내가 먼저 타인을 신뢰해야 한다. 먼저 마음을 열고 상대에게 믿음을 주면 서로 간에 불필요한 의심이 사라지고 상대의 신뢰를 얻게 된다.

예를 들어 당신이 밥을 먹으러 식당에 가서 음식을 주문했는데 사장이 다짜고짜 이렇게 말했다고 생각해보자.

"돈 먼저 내세요. 손님이 밥 다 먹고 그냥 가버릴 수도 있잖아요."
이때 당신의 기분은 어떨까? 다음에 이 식당에 또 오고 싶다는 마음이 드는가? 반대로 당신이 밥을 먹고 계산을 하려는데 휴대폰은 배터리가 없어 꺼졌고 지갑도 놓고 왔다고 가정해보자. 당신의 사정을 알게 된 사장이 "괜찮습니다. 다음에 올 때 주세요"라고 말한다면 당신은 당신을 신뢰해준 사장의 마음에 고마움을 느끼고 그 식당을 자주 찾게 될 것이다.

괜한 의심으로 자신을 힘들게 하지 말고 주변 사람을 믿어보자. 나 혼자 세상을 바꾸기에는 역부족이기에 살아가는 데에는 신뢰를 주고받는 관계가 필요하다. 진실한 마음으로 삶의 모든 것을 감사히 여기고 주변 사람에게 마음을 열면 자승자박의 상황을 면할 수 있을 것이다.

단점을 고치기보다
숨은 장점을
찾아라

우리 주위에는 자존감이 낮아 늘 자기 자신에 대해 깊은 의구심을 품고 있는 사람들이 있다. 그들은 언제나 자신은 남들보다 잘난 게 없다고 스스로를 비하하며 어떤 일에도 선뜻 나서지 못한다.

하지만 사람은 저마다 특별한 장점을 갖고 있다. 이 장점이 제 역할을 할 수 있는지는 어떻게 그것을 표현하느냐에 달려 있다. 또 아주 간단한 노력만으로도 다른 사람의 시선을 끌어 자신의 처지를 바꿀 수도 있다.

(*case*) 로완 앳킨슨(Rowan Atkinson)은 어릴 적부터 어수룩한 외모와 말투, 행동 때문에 늘 친구들의 웃음거리가 되곤 했다. 학교 다닐 때 그는 언제나 교실 분위기를 엉망으로 만들었고 선생님도 혀를 내두를 정도로 감당이 안 되는 학생이었다. 심지어 그의 부모님조차도 그의 지능을 의심하며 훗날 취직이나 제대로 할 수 있을지 늘 걱정했다.

앳킨슨 역시 자신의 단점이 많다는 것을 알고 있었지만, 연기할 때만은 자신감이 넘쳤다. 그가 이따금 선생님과 친구들 앞에서 코믹 연기를 할 때마다 모두들 배꼽을 잡고 웃었기 때문이다. 그러던 어느 날, 유명한 코미디 감독이 그를 발견하게 되었다. 앳킨슨의 연기에 감탄한 감독은 그를 '세상에 둘도 없는 코미디 쇼의 천재'라고 칭하며 그 자리에서 앳킨슨을 스카우트했고, 그가 주인공으로 나온 드라마가 바로 <미스터 빈(Mr. Bean)>이다.

이렇게 앳킨슨은 자신만의 장점을 살려 세계적으로 유명한 코미디 배우로 자리매김했다.

많은 사람은 자신의 단점보다 장점을 찾는 것을 더 어려워한다. 우리가 살면서 자신의 장점에 주목하는 것보다 단점을 찾는 데 더 많은 시간을 할애해왔기 때문이다. 어려서부터 우리는 자신의 결점을 발견하고 부족한 점을 보완하는 식으로 교육을 받았다. 자신이 좋아하는 게 뭔지, 잘하는 게 뭔지를 찾기보다 남들에 비해 뒤떨어지는 부분을 적어도 평균으로 끌어올리는 데 온갖 노력을 기울이며 자라온 것이다. 이러한 교육 방식 속에서 자란 아이들은 자신감과 용기를 잃어 부정적인 성향으로 변하기 쉽다.

하지만 자신의 모든 언행을 주의 깊게 관찰하다 보면 스스로의 숨은 장점을 발견할 수 있다. 공부하면서 자신의 논리적 사고력이나 상상력, 의사소통 능력, 글쓰기 능력 등이 남다르다고 느낀 적이 있는가? 또는 사회생활을 하면서 자신의 사교성, 창의력, 행동력, 언어 표현 능력 등이 유독 뛰어나다고 생각한 적이 있는가? 아마도 당신의 장점은 한두 가지가 아닐 것이다. 단지 그것을 아직 발견하지 못했을 뿐이다.

나의 장점을 친구나 부모님, 친척 등 가장 가까운 사람에게 물어보는 것도 좋다. 그들이 생각하는 나의 장점을 듣는 것은 나를 객관적으로 파악하는 데 도움이 된다. 그리고 부모님과 친구들에게 당부의 말을 해두는 것도 중요하다. 나의 단점과 부족한 면만 보지 말고, 비난이나 훈계 대신 더 많은 격려와 칭찬을 해달라고 말이다. 그러면 점차 자신감이 높아져 보다 활기차고 주도적인 인생을 누릴 수 있을 것이다.

PART 08

번아웃에서 벗어나는

휴식 루틴

쓸데없이
바쁜
사람들

"하루가 48시간이었으면 좋겠어!"라는 말을 달고 사는 사람들이 있다. 이런 사람들의 가장 큰 특징은 '쓸데없이 바쁘다'는 것이다. 그들은 온갖 고생을 하면서도 이렇다 할 소득을 거두지 못한다. 만약 당신이 이런 상황에 처해 있다면 자신의 생활을 재검토할 필요가 있다. 현재 하는 일이 나에게 맞는 일인가? 나의 시간을 가장 많이 차지하는 것은 무엇인가? 나의 발전을 방해하는 요인은 무엇인가? 이 같은 질문을 차근차근 자문해보자.

case Z가 맡은 일은 수월한 편이지만 그는 언제나 시간이 부족해서 허덕인다. 그는 차로 30분 걸리는 출근길을 빠르게 달려 20분으로 줄였다. 하루 세 끼 식사도 몇 분 만에 대충 때우는 것은 물론이고 점심시간에도 쉬지 않고 일을 했다. 그런데도 여전히 시간에 쫓겨 허덕이던 Z는 늦은 밤에도, 휴일에도 계속해서 쉴 틈 없이 일했다. 이런 생활이 반복되자 Z는 결국 과로에 합병증까지 겹쳐 쓰러졌고 오랫동안 병원 신세를 지게 되었다.

사람들은 "성공하려면 서둘러라"라고 말하며 끊임없이 우리를 채찍질한다. "30대에 연봉 5천은 찍어야지", "40대가 가기 전에 집 한 채는 장만해야지"라는 등의 억지 기준을 세워놓고 늘 시간에 쫓기며 조바심에 발을 동동거린다. 그렇다면 30대, 40대가 지나도 이 기준에 부합하지 않으면 실패한 인생인 걸까?

우리는 여기서 노자(老子)의 《도덕경(道德經)》에 나오는 "만족할 줄 알아야 늘 즐겁다"라는 말을 되새겨볼 필요가 있다. 어린 시절 단돈 몇 푼에도 행복했던 우리는 어른이 되면서 비싸고 좋은 물건들을 소비하면서도 오히려 더 큰 결핍감을 느낀다. "미치지 않으면 늙는다"라고 말하며 계속해서 열정적으로 살 것을 부추기는 사람도 있지만, 지금 나의 삶이 맷돌 돌리는 당나귀처럼 밤낮으로 바쁜데 결국 얻는 것은 건초더미뿐이라는 생각이 든다면, 지금이야말로 나 자신을 변화시켜야 할 때다.

case H는 졸업 후 고향으로 돌아가 일을 했다. 대도시에서의 생활 스트레스가 없어지자 하루하루를 여유롭게 보낼 수 있었다. 그는 따뜻한 차 한 잔 우려먹는 일로 매일 아침을 시작했다. 일도 느긋한 마음으로 여유롭게 즐겼고 일이 끝나면 친구들을 만나 놀거나 좋아하는 취미 생활을 하며 시간을 보냈다. 여전히 바쁘게 시간에 쫓기며 사는 대학 동창들은 H의 이런 여유로운 생활을 보고 부러움을 금치 못했다.

우리가 시간이 부족하다고 느끼는 것은 스스로를 닦달하고 있다는 뜻이다. 실제로 촉각을 다투면서까지 해야 하는 일은 그리 많지 않다. 그리고 반드시 해야 한다고 생각했던 일도 그리 중요하지 않은 경우가 많다.

　시간과의 무의미한 싸움에 전전긍긍하기보다 한 박자 느리게 여유를 갖고 주변의 소소한 아름다움을 느껴보자. 시간을 잘 다루면서 자신이 좋아하는 일을 즐기는 삶이야말로 우리가 진정 원하는 삶이 아닐까?

'무조건 열심히'라는
나쁜 습관

어떤 사람들은 필사적으로 열심히 일하는데도 결국 일을 제때 끝내지 못해 상사에게 비난을 받곤 한다. 또 어떤 사람들은 종일 노는 것처럼 보이는데도 오히려 일 잘한다는 평가를 받는다. 그들의 차이는 무엇일까?

모두에게 주어진 업무 시간은 같은데, 왜 나는 야근을 해도 일을 못 끝내고 허덕이는데 옆의 동료는 가뿐하게 일을 마치고 칼퇴할 수 있는 걸까? 내 업무량이 동료보다 많아서일까? 아니면 동료가 나보다 유능해서일까? 둘 다 아니다. 업무량이나 개인 능력에도 물론 차이가 있겠지만 그 차이가 가져오는 결과는 미비하다. 이런 상황이 반복되는 원인은 나는 몸을 쓰고, 동료는 머리를 쓰고 있기 때문이다.

case Y는 일할 때 무작정 매달리지 않는다. 그는 일을 시작하기 전에 자신이 언제 무엇을 해야 할지 계획을 세우고, 어려움이 생기면 동료들에게 도움을 요청했다. 그래서 그는 항상 최소한의 노력으로 일을 완수하고, 퇴근 후에 자신이 좋아하는 일을 충분히 즐길 수 있었다.

Y가 동료와 서로 피드백을 주고받으며 업무적으로도 큰 성과를 거두자, 사장은 Y의 업무능력, 동료와의 협업 능력 등을 높이 평가하여 그를 팀장으로 승진시켰다.

이처럼 똑똑하게 일하려면 일을 시작하기 전에 계획을 세우는 것이 좋다. 계획을 세우는 과정에서 전반적인 상황을 파악하게 되어 업무 효율을 높일 수 있기 때문이다.

계획을 세우는 것만큼 중요한 것은 바로 동료들과의 원활한 소통과 협업이다. 어떤 사람들은 회사 동료란 서로 밟고 올라가야 하는 경쟁 상대이기에 회사에서는 '개인플레이'를 해야 한다고 말한다. 하지만 이는 크게 잘못된 생각이다. 직장에서 경쟁이 존재하는 것은 당연하지만, 다른 사람과 협력 없이 외골수를 고집하는 것은 위험하다. 개인의 능력은 한계가 있는데 혼자서 어떻게 다수를 상대할 수 있겠는가? 혼자서만 문제를 처리하면 미처 생각하지 못한 허점이 생기기 쉽지만, 다른 사람과 손을 잡으면 다양한 아이디어를 통해 문제를 보는 시각을 넓힐 수 있다.

마지막으로 시간을 합리적으로 관리해야 한다. 중요한 일은 집중해서 처리하고, 그리 급하지 않은 일은 자투리 시간을 이용해 해결하는 것이 좋다. 많은 시간을 할애해야 하는 업무, 단순한 잡무 등 업무의 성격에 따라 합리적으로 순서를 배열하면 업무 효율을 높이는 데 큰 도움이 된다.

빨리빨리 증후군에서
벗어나는
법

빠른 생활 리듬이 가져오는 스트레스를 효과적으로 대처하지 못하면 몸과 마음에 상처를 주어 각종 심리 질환을 일으킬 수 있다.

case 영업사원 L은 원래 여유로운 삶을 선호하는 사람이었지만, 야근을 마다하지 않고 열심히 일하는 동료들을 보자 조바심이 생겨 그 역시 야근을 자처하기 시작했다.

처음에는 견딜만했지만, 시간이 흐르면서 그는 점차 지쳐갔고, 엄청난 경쟁 스트레스로 인해 숨 막히는 삶이 반복되었다. 결국

반년도 채 되지 않아 L은 빨리빨리 증후군과 함께 심각한 우울
증을 앓게 되었고 정상적인 업무조차 할 수 없게 되었다.

빨리빨리 증후군은 오늘날의 사회 환경을 반영하는 심리적 질병
이지만, 개인적인 마음의 문제에서 비롯되기도 한다. 빨리빨리 증후
군을 앓는 사람들은 대부분 자신에게 과도한 스트레스를 가하면서 스
스로를 옥죈다. 그러므로 이를 벗어나기 위해서는 먼저 자신을 내려
놓는 것이 중요하다.

case W는 바쁜 와중에도 언제나 시간을 합리적으로 계획한다. 어느
날, 점심시간에 헤드폰을 끼고 영화를 보고 있는 W에게 지나가
던 친구가 한마디 던졌다.
"회사에서 영화 보는 건 좀 심하지 않아?"
그러자 W는 개의치 않는다는 듯 말했다.
"쉬는 시간에는 내가 하고 싶은 걸 해야지. 지금 이렇게 스트레
스를 풀어줘야 오후에 일을 더 잘할 수 있어."

자신이 한 말을 증명이라도 하듯, 충분한 휴식을 통해 에너지가 충전된 그녀는 다른 사람보다 훨씬 더 일에 몰두할 수 있었다.

빨리빨리 증후군에서 벗어나기 위해서는 다음과 같은 방법을 시도해볼 수 있다.

첫째, 자기 자신의 생활 리듬과 사회의 생활 리듬 간의 균형을 찾아야 한다. 오늘날 사회에서 빠른 리듬은 불가피한데, 그와 달리 지나치게 느린 습관을 가지고 있다면 그 격차에서 오는 스트레스를 감당하기 어려워지고, 조바심에 오히려 빨리빨리 증후군이 더 악화될 수도 있다. 따라서 조바심을 갖고 마냥 서두르는 것이 아니라, 사회의 흐름과 나의 생활 흐름의 평균 속도를 찾아 그에 맞는 생활 습관을 만드는 것이 중요하다. 이렇게 하다 보면 빠른 생활 리듬이 가져오는 스트레스를 크게 완화할 수 있다.

둘째, 우리가 '빨리빨리' 생활 방식에 적응하지 못하는 이유는 합리적인 생활 계획을 세우지 않았기 때문이다. 항상 시간에 쫓기는데 해야 할 일은 늘 산더미처럼 쌓여 있는가? 그렇다면 스스로에게 자문해보자. 그 일은 내가 반드시 해야만 하는 일인가? 내가 그 일을 하지 않는다면 심각한 결과를 초래하는 일인가?

자신이 해야 할 일을 계획적으로 분류하여 반드시 해야 할 일을 우선순위에 놓고 불필요한 일들은 과감히 걸러내자. 이는 우리의 삶과 일을 보다 단순 명료하게 만들 수 있다. 또한 빠르게 돌아가는 현실 속에서 스트레스는 크게 줄고 자연스레 빨리빨리 증후군으로부터 벗어날 수 있을 것이다.

시간이 없는 게 아니라
간절하지 않은
것이다

"짝사랑에게 고백할 타이밍을 놓쳤어요."

"바빠서 여행 갈 시간이 없어요."

우리는 항상 "시간이 없다"라는 말을 입에 달고 산다. 하지만 실상은 정말 시간이 없는 것이 아니라 간절하지 않은 것이다.

case W는 졸업 후 그가 가장 좋아하는 도시, 베이징에 있는 회사에 입사했다. 그동안 만리장성 등정의 꿈을 품고 살아왔던 그에게 드디어 꿈을 이룰 수 있는 기회가 찾아온 것이다. 하지만 W는 일을 시작한 후 업무가 바빠 좀처럼 시간을 낼 수가 없었고 주 말에는 쌓인 피로를 푸느라 집에서 하루 종일 잠만 자곤 했다. 어느 공휴일, 그는 드디어 만리장성을 가겠다고 결심했다. 꿈 을 이룰 수 있다는 부푼 기대를 안고 집 밖을 나서자 거리는 여 행객들로 가득 차서 인산인해를 이루고 있었다. W는 그 광경을 보자 갑자기 여행할 마음이 싹 사라져서 다시 집으로 발걸음을 돌렸다. 그렇게 그는 베이징을 떠나 다른 도시로 갈 때까지 5년 동안 만리장성 등정의 꿈을 단 한 번도 이루지 못했다.

우리는 '시간이 없어서' 끝내지 못하는 일들에 대해 늘 아쉬움을 느 끼곤 한다. 하지만 아쉬움으로 끝내는 것보다 지금 당장 실천하는 것 이 낫지 않을까?

(*case*) 모 회사의 팀장직을 맡고 있는 T는 바쁜 와중에도 날마다 헬스 장에 가서 운동하며 체력관리를 한다. 어느 날은 오랜 친구가 부럽다는 듯 말했다.

"매일 운동을 다닐 수 있는 걸 보니 너는 일이 편한가 보다. 나는 늘 일에 치여 사는데 말이야. 하고 싶은 일은 산더미 같은데 시간이 없으니 원."

그러자 T는 이렇게 대답했다.

"나도 매일 같이 늦게까지 일하고 야근도 많아. 하지만 이건 내가 좋아하는 운동을 하는 것과는 전혀 상관이 없어. 출근 전이나 퇴근 후에는 운동하면 안 된다는 법이 있나? 게다가 1년 내내 일해야 하는 인생인데 취미 활동에 기껏 한두 시간도 못 내겠어?"

이에 큰 깨달음을 얻은 친구는 그 이후부터 시간을 쪼개어 T와 함께 운동을 시작했다. 그런데 놀랍게도 일이 밀리기는커녕 업무 효율이 크게 높아졌다.

어떤 사람들은 스스로에게 이런저런 변명을 하곤 하는데 이는 마치 대놓고 게으름을 피우는 것과 같다. 그들은 시간이 없다는 돈 안 드는 최고의 변명으로 여행가기, 영어 배우기, 운동하기, 운전면허 따기 등 계획했던 일을 미루고 또 미룬다. 이런 변명들이 입에 붙을수록 스스로도 이것이 진실이라 믿게 된다.

　다른 사람의 삶을 마냥 부러워하기보다는 먼저 스스로를 바꿔보자. 하고 싶은 일이 있는데 굳이 나중까지 기다릴 필요가 있겠는가. 지금부터 '시간이 없어서' 이루지 못했던 자신만의 버킷리스트들을 하나씩 실행해보자.

금덩어리를
포기하는
용기

우리는 때로 엄청난 공을 들여 무언가를 힘들게 손에 넣곤 한다. 하지만 힘들게 얻은 것들이 실제로 나에게 반드시 필요하지 않을 때가 많다. 때로는 도움이 되기는커녕 나의 발목을 잡을 때도 있다. 마치 도둑질을 하고 빨리 도망쳐야 하는데 등에 짊어진 묵직한 금덩어리 때문에 속도를 낼 수 없는 것처럼 말이다.

case   H는 게임 플레이어 랭킹에서 상위권을 차지하기 위해 많은 돈과 시간을 투자해서 드디어 원하는 순위에 올랐다. 그는 회사에서 일하면서도 틈틈이 시간을 짜내 게임을 했다. 겉으로 보면 H는 게임마니아처럼 보이지만 사실 그는 게임을 하면서 큰 재미를 느끼지 못했다. 그런데도 그가 게임을 놓지 못하는 이유는 자신이 힘들게 올려놓은 게임 순위를 포기할 수 없어서였다. 그렇게 H는 매일같이 밤새도록 게임을 하면서 신체적, 정신적으로 점차 쇠약해졌고 결국 컴퓨터 앞에서 쓰러지고 말았다.

우리는 때로 시간, 에너지, 돈을 들여 '금덩어리'를 얻는다. 물론 힘들게 얻은 만큼 소중히 여겨야 하지만 만약 그것이 우리의 발목을 잡는다면 더 나은 전진을 위해 과감히 포기할 필요가 있다.

case S는 한 중소기업의 임원이다. 회사는 작지만 대우가 좋은 편이라 친구들은 당연히 그녀가 이 회사를 계속 다닐 거라고 생각했다. 그런데 예상외로 S는 이직을 계획하고 있었다. 이를 알게 된 친구는 걱정스럽게 물었다.

"잘 지내고 있는데 왜 이직하려는 거야? 새로운 곳에 가면 처음부터 다시 기반을 쌓아야 하잖아.”

이에 S는 확신에 찬 듯 대답했다.

“이 회사에서 내가 할 수 있는 건 다했어. 더 이상 승진의 기회도 없고. 새 회사에 가면 더 넓은 무대에서 일할 수 있을 거야.”

결국 S는 주변의 만류에도 불구하고 새 회사로 이직했고, 몇 년간의 고된 노력 끝에 그녀는 회사의 대표가 되었다.

우리는 살면서 다양한 선택의 순간을 맞이한다. 이는 마치 사거리 한가운데 서서 어느 한쪽 길을 택하고 다른 길에게는 안녕을 고하는 것과 같다. 아무리 귀중한 금덩이라 해도 사막에서 갈증을 호소하는 이에게는 아무런 필요가 없는 반면, 보잘것없는 빵 한 조각이 때로는 한 사람의 목숨을 구하기도 한다. 그러니 금덩어리가 오히려 인생에 짐이 된다면 과감히 던져버려 자신이 금의 노예가 되는 것을 막아야 한다.

세상 모든 일이
해야 할 가치가 있는 건
아니다

살다 보면 날마다 해야 할 일들이 산더미처럼 쌓여 있는 것 같지만 사실 모든 일을 해야 할 필요는 없다. 가치 없는 일에 하나하나 매달리다 보면 삶은 더욱 고되고 힘들어진다.

자신이 해야 할 일을 적절히 분류해보자. 중요한 일을 가장 먼저 처리하고 중요하지 않은 일 중에서 자신이 좋아하는 일이 있다면 틈틈이 시간을 내서 하자. 그리고 할 필요도 없고 하고 싶지도 않은 일들은 과감히 포기하는 것이 좋다.

W는 항상 자기 전에 내일 꼭 해야 할 일을 미리 생각해둔다. 그러면 다음 날 빠른 속도로 일에 착수할 수 있기 때문이다. 그녀는 또한 그리 중요하지 않은 일을 할 때도 합리적으로 계획을 세운다. 이러한 효율적인 일정 관리 덕분에 W는 중요한 일들을 처리하고 나서 남는 시간에 자신이 좋아하는 일을 충분히 즐기고 있다.

《성공하는 사람들의 7가지 습관》의 저자 스티븐 코비(Stephen Covey)는 "전통적인 시간 관리 습관은 사람과 시간의 싸움이라는 모순적인 행태로, 이를 지속할 경우 가장 짧은 시간 안에 가장 많은 일을 하고자 하는 급성 편집광으로 변질된다"라고 말했다. 시간을 하나의 빈 깡통으로 가정하고 중요한 일을 돌멩이라고 보았을 때, 이 깡통을 가득 채우기 위해서는 먼저 큰 돌멩이를 넣은 다음 작은 돌멩이, 모래, 물 순으로 넣으면 된다.

사람들은 "쓸데없는 일에 목숨 걸지 말고 중요한 일을 해라"라고 말하곤 한다. 사실 이 말은 중요한 의미를 내포하고 있는데 '노력과 성과는 비례하지 않는다'는 것이다. 우리가 업무 효율을 높이고자 하는 이유도 사실은 최소한의 노력으로 최대한의 성과를 얻기 위함이라 할 수 있다.

　그러나 중요한 것은 "모든 길은 로마로 통한다"라는 말처럼 결과에 도달하는 데 하나의 길만 있는 것은 아니므로 자신에게 맞는 가장 적절한 길을 선택하는 것이 중요하다. 어떤 사람은 중요한 일을 우선순위에 두고 집중해서 먼저 처리하는 것을 선호하기도 하고, 또 어떤 사람은 자잘한 일들을 먼저 처리하며 중간중간 중요한 일을 분배해 처리하길 선호하는 사람도 있다. 이 두 가지 모두 최종 목표를 달성하는 데 효과적인 방법이므로 이제부터는 무작정 매달려 시간을 허비하지 말고, 자신에게 맞는 업무 스타일을 찾아 업무 효율을 높여보자. 잊지 말아야 할 것은 그 과정에서 불필요하다고 생각되는 일은 과감히 버릴 줄 알아야 한다는 것이다.

PART 09

버티는 마음이

인생의 고민을 절반으로 줄인다

건강한 루틴을
만드는
ABCD 기법

누구나 흡연이 건강에 해롭다는 것을 알지만 단번에 금연에 성공하는 사람들은 많지 않다. 또 우리는 음주가 간에 큰 부담을 가져온다는 것을 알면서도 너무도 당연하게 회식에 참석하며, 밤에 먹으면 살이 찐다는 것을 알면서도 야식의 유혹을 끊지 못한다.

이렇게 우리는 때로 자신의 행동이 어떤 결과를 가져올지, 무엇을 어떻게 해야 가장 큰 효과를 볼 수 있는지 뻔히 알면서도 자신의 욕망 앞에서 번번이 자제력을 잃고 나중에 후회할 일을 또 다시 저지른다.

$\textcircled{\textit{case}}$ 미국의 심리학자 다니엘 골먼(Daniel Goleman)은 유치원생을 대상으로 유명한 마시멜로 테스트를 했다. 그는 모든 아이들의 책상 위에 마시멜로를 두 개씩 올려놓고 말했다.

"여러분이 마시멜로를 지금 당장 먹는다면 딱 한 개만 먹을 수 있어요. 하지만 선생님이 나갔다 올 때까지 20분 동안 먹지 않고 기다리면 마시멜로 두 개를 다 먹게 해줄게요."

그러고 나서 골먼은 네 살배기 아이들을 교실에 남겨두고 밖으로 나왔다. 몇몇 아이들은 골먼이 교실을 나가자마자 참지 못하고 책상 위의 마시멜로를 날름 먹어버렸다. 반면 3분의 2 정도의 아이들은 먹고 싶은 충동을 이겨내기 위해 눈을 가리거나 두 팔로 머리를 감싸 안기도 했고, 또는 노래를 부르거나 아예 잠을 자버리는 아이도 있었다.

20분 뒤 골먼이 교실에 들어온 후, 끝까지 참고 기다렸던 아이들은 마시멜로 두 개를 모두 먹을 수 있었다.

아마도 어떤 사람들은 이것은 단지 아이가 식탐을 통제할 수 있는지에 대한 실험이라고 생각할지도 모르지만 이는 그렇게 단순한 목적의 실험이 아니었다. 골먼은 이 아이들에 대한 추적 관찰을 통해 욕구를 억누르고 만족을 지연시킬 줄 아는 아이들이 미래에 높은 성과를 거둘 확률이 높다는 것을 알아냈다. 반면 마시멜로의 유혹을 이기지 못한 아이들은 어른이 된 후에도 어떤 선택에 직면했을 때 이성을 잃기 쉽고 그에 상응하는 대가를 치러야 했다.

심리학에서는 더 큰 결과를 위해 즉각적인 즐거움을 통제하면서 욕구충족의 지연에 따른 좌절감을 참아내는 능력을 '만족 지연(Delay Of Gratification)'이라고 한다. 실제로 즉각적 욕구 충족은 자극 감수성(외부로부터의 자극에 반응하여 흥분이 일어나는 성질-역주)을 나타내며 만족 지연은 이성적인 두뇌를 통한 통제 능력을 의미한다. 그러므로 만족을 지연시키는 것은 개인의 심리적, 정서적 성숙도를 반영한다고 할 수 있다.

자신의 욕구충족을 늦추다 보면 '고생 끝에 낙이 온다'를 몸소 체감할 수 있다. 긍정적인 사람들은 인내 속에서 의미를 찾아내고 희망을 볼 수 있기 때문에 고통도 담담하게 견뎌낸다. 심리학 연구에 따르면, 만족 지연은 모든 사람이 배울 수 있는 능력이며 누구나 일상생활 속에서 인내를 통해 만족 지연을 실천할 수 있다.

만족 지연의 능력을 키우기 위해 가장 보편적으로 사용되는 방법은 바로 ABCD 기법이다. ABCD 기법에서 A는 대상(Audience)을 의미하며 최종적으로 달성해야 할 목표를 가리킨다. B는 행위(Behavior)를 뜻하며 미래의 목표를 달성하는 데 필요한 행동이다. C는 조건(Condition)으로 목표를 달성하기 위한 행동에 필요한 전제 조건 및 준비를 의미한다. 마지막으로 D는 기준(Degree)으로 목표 완성의 최저 기준, 즉 목표를 완성한 후 얻는 이득을 가리킨다.

많은 사람이 시도하는 다이어트를 예로 들어보자. 다이어트의 최종 목표는 살 빼는 것(A)이며, 이를 위해서는 단 음식을 적게 먹고 운동을 많이 해야 한다(B). 그리고 몸을 단련하기 위해서는 운동 도구(C)가 필요하다. 계획한 대로 다이어트 목표를 달성하고 나면 우리의 몸은 전보다 훨씬 건강해질 것이다(D).

목표를 세웠다면 유혹 앞에서 가야 할 방향을 잃지 않도록 항상 자신을 일깨우는 노력이 필요하다. 특히 좌우명을 되새기는 것이야말로 자신을 일깨우는 가장 전형적인 방법이다. 한 운동선수가 시합에서 연이어 패배하자 더욱 분발해야겠다고 굳은 결심을 했다. 그는 커다란 종이에 "나는 세계 챔피언이 될 것이다!"라고 적은 후, 그것을 훈련실에서 가장 눈에 잘 띄는 곳에 붙여놓았다. 좌우명은 목표를 상기시키고 유혹에 직면했을 때 이성적으로 득실을 생각할 수 있도록 도와준다.

또한 우리는 주의력을 분산시키는 방법을 통해 목표 수행 과정에서 유혹이 다가왔을 때 그것을 과감히 뿌리칠 수 있다. 예를 들어 계획을 세울 때 난이도가 높은 일을 우선순위에 두거나, 일할 때 하기 싫은 일부터 먼저 해보자. 또는 혼잣말이나 노래로 주의를 분산시켜 자신의 욕망을 억제하는 것도 좋다. 주의력을 분산하는 방법은 즉각적인 유혹을 뿌리치는 데 큰 도움이 될 것이다.

이뿐만 아니라 목표 달성 후 얻는 이득을 떠올리며 유혹을 통제할 수도 있다. 예를 들어 담배를 피우고 싶을 때는 담배로 인해 변색된 치아와 망가진 폐 사진을 벽에 붙여놓고 본다거나, 친구가 술을 마시러 가자고 할 때는 음주가 간에 미치는 영향을 인터넷에서 검색해보는 것도 좋다. 또한 다이어트고 뭐고 늦은 밤 치맥을 즐기고 싶을 때는 자신의 '리즈 시절' 사진을 보며 욕구를 통제해보자. 만족 지연이야말로 절제된 그러나 더 건강한 삶을 가져온다.

물론 만족 지연은 하루아침에 해낼 수 있는 일이 아니다. 꾸준한 인내심과 연습뿐 아니라, 스스로를 격려하는 것 또한 중요하다. 만족 지연이 결코 영원히 만족을 얻지 못한다는 뜻이 아님을 기억하고 자신의 작은 발전에도 충분한 격려와 응원을 아끼지 말아야 한다.

폭풍을 겪지 않으면
무지개를
볼 수 없다

중국 속담에 "마음이 급하면 뜨거운 두부를 먹을 수 없다"라는 말이 있다. 어떤 일이든 시작부터 끝날 때까지 일련의 과정이 필요하다. 그런데 이러한 자연의 법칙을 억지로 거스르고 급하게 결과를 얻으려 한다면 결국 얻는 것보다 잃는 것이 더 많을 수밖에 없다.

case 전국시대 초나라에 양유기(養由基)라는 장군이 있었다. 그는 활을 쏘는 데 뛰어난 재주가 있어 백 보나 되는 거리에서도 조그만 버들잎들을 맞추곤 했다. 이런 양유기의 활쏘기 솜씨를 흠모

한 청년이 자신을 제자로 삼아달라고 몇 차례나 간곡히 요청했다. 그러자 양유기도 마침내 그의 청을 승낙하기로 했다.

청년을 제자로 받아들인 양유기는 그에게 아주 가느다란 바늘 하나를 주며 말했다.

"눈에서 몇 치 떨어진 곳에 바늘을 놓아두고 해가 질 때까지 그 바늘구멍을 바라보도록 해라."

제자는 처음에는 스승의 말에 따라 바늘구멍을 계속 쳐다보았지만, 그렇게 며칠이 지나자 조금씩 의구심이 들기 시작했다.

'궁술을 배우러 왔는데 바늘구멍이나 보고 있으라니, 혹시 가르쳐줄 마음이 없는 게 아닐까?'

그로부터 며칠 뒤, 이번에는 양유기가 팔 힘을 기르는 방법을 가르쳐주기로 했다. 그는 제자의 손에 돌멩이 하나를 쥐어 주고 하루 종일 팔을 앞으로 곧게 뻗도록 했다. 고된 훈련을 억지로 견뎌내다가 제자는 또다시 불평을 터뜨렸다.

"스승님, 저는 궁술을 배우러 왔는데 왜 자꾸 이상한 훈련만 시키시는 거죠? 전 도대체 언제 궁술을 배울 수 있는 겁니까?"

"지금 바로 궁술을 배우는 중이니 하던 걸 계속하거라."

오해와 불신만 쌓여가던 제자는 스승의 훈련에 집중하지 못했

무엇이든 단번에 성공하는 일은 많지 않다. 자연의 법칙을 거스르
며 급하게 서두르는 것은 땅에서 갓 나온 싹을 뽑아버리는 것과 같다.
오직 차근차근 정진하는 것이야말로 성공에 가까워지는 길이다.

보검은 갈고 닦은 후에 매서운 칼날이 나타나고, 매화는 매서운 추
위가 지나야 향기를 풍긴다. 오직 오랜 시간 노력하며 차근차근 능력
을 쌓아갈 때 마침내 성공을 거두게 된다. 우리는 때로 성공한 사람들
이 받는 꽃다발과 박수 소리를 부러운 눈으로 바라볼 뿐, 그들이 이를
위해 쏟았던 고된 노력과 고충은 알지 못 한다.

폭풍을 겪지 않고 어떻게 무지개를 볼 수 있으랴, 노력 없는 성공
은 없다. 좋은 성과를 얻으려면 꾸준한 노력과 열정이 기반이 되어야
하지만, 오늘날 많은 사람은 너도나도 인생 '한 방'을 꿈꾼다.

중국 베이징대학에 재직했던 진커무(金克木) 교수는 다음과 같이

말했다.

"비슷한 독서량을 가진 사람이라면, 읽은 책 수량만으로는 열여덟 살의 학생이 여든 살의 노인보다 많지 않을 것이다. 이는 당연한 것이기 때문에 갓 대학에 입학한 학생이 늙은 영감보다 못하다고 조급해할 필요는 없다. 하지만 여기서 짚고 넘어가야 할 것은 자기 자신이 그 노인이 열여덟 살이었을 때의 상황을 뛰어넘었냐는 것이다. 그 이상이거나 비슷하다면 안심해도 되지만 그렇지 못하다면 그때는 서둘러야 한다."

우리가 생각하는 가장 빠른 길이 때로는 가장 느린 길이기도 하다. 반면 괜한 시간과 에너지를 허비하는 듯한 방법이 오히려 목표에 다가가는 가장 현명한 방법일 수도 있다.

모든 일을 조급하게 서두르지 말고 일의 수순을 밟아가며 자신의 목표를 향해 한 발 한 발 내딛다 보면 자신의 길이 갈수록 순탄해짐을 느끼게 될 것이다.

'벤치맨'의
자리를
지켜라

우리는 살면서 모든 사람의 사랑을 받을 수는 없다. 특히 회사에 입사하자마자 상사의 인정을 받기란 참으로 어려운 일이다. 때로는 원하지 않는 '벤치맨'이 되어 오랫동안 후보 선수의 자리를 지켜야 하는 경우도 있다. 그런데 이런 상황에서 어떤 사람들은 상사가 자신을 좋아하지 않는다거나 자신이 이 직장에 적합하지 않다고 생각하며 쉽게 포기하여 결국 영원히 벤치맨 신세를 벗어나지 못하기도 한다.

case H는 학교에서 공부도 잘하고 예체능 성적도 늘 상위권을 유지

하는 모범생이었다. 그런데 졸업 후 회사에 입사하고 나서는 좀처럼 인정을 받지 못해 늘 잡무를 맡았다. 이에 H는 틈만 나면 친구를 붙잡고 불평을 늘어놓았다.

"이 회사는 내 능력을 펼칠 기회를 주지 않아. 상사들이 인재를 알아보지 못한다니까!"

얼마 후, 상사가 H에게 한 거래처와의 프로젝트 업무를 지시했다. 그런데 동료의 말을 들어보니 이 거래처는 과거에 회사와 협력했다가 회사 측의 잘못으로 문제를 빚은 적이 있어 이번 프로젝트에 그리 호의적이지 않다고 했다. 이 사실을 알게 된 H는 순간 기분이 불쾌해졌다.

'뭐야, 그럼 전혀 가망 없는 프로젝트를 나한테 맡긴 거야?'

생각하면 할수록 화가 난 그는 다음 날 곧바로 사직서를 내고 다른 회사로 이직했다. 그러나 H는 새로운 회사에서도 인정받지 못하며 힘든 하루하루를 보냈다. 그러다 우연히 예전 회사 동료로부터 그가 포기했던 프로젝트를 인계받은 사람이 성공적으로 프로젝트를 마쳐 팀장으로 승진했다는 소식을 듣게 되었다.

아마도 많은 사람이 벤치맨 경험이 있을 것이다. 일을 열심히 하지 않아서가 아니라 눈앞에 출전의 기회를 두고도 지레 겁먹고 포기하거나, 목표까지 고작 1킬로미터 남긴 상황에서 순간의 고비를 넘지 못해 주저앉았기 때문이다. 벤치맨이 되는 것 자체를 두려워 마라. 무엇보다 중요한 것은 출전이라는 목표까지 남은 '마지막 1킬로미터'를 달릴 수 있느냐이다.

어떤 사람들은 자신이 벤치맨이 되었다는 것을 자각한 순간부터 의기소침해져서 온종일 불평만 늘어놓으며 원인은커녕 해결책을 찾으려고도 하지 않는다. 그런데 아무리 신세한탄을 해도 나를 알아주는 사람이 없다면 마음을 추스르고 벌떡 일어나 행동으로 나 자신을 증명해 보이는 것이 낫지 않을까?

벤치맨이 되었을 때는 자신이 호명될 때까지 기다리는 인내심과 끈기뿐만 아니라 적극적인 행동도 필요하다. 예를 들어 자신이 상사의 관심 밖에 있다고 느끼면 오히려 이 시기를 자기 발전의 기회로 삼아 다양한 정보를 수집하고 지식을 쌓아 자신의 경쟁력을 높일 수 있다. 그러면 타이밍이 찾아왔을 때 도약할 수 있는 기회를 잡아 크게 빛을 발할 수 있다.

벤치맨이 된 상황에는 다른 사람에게 더욱더 진중하고 겸손한 자세를 유지하며 좋은 인간관계를 만드는 것이 중요하다. 내가 벤치맨 신세에 처했다면 평소에 가까웠던 친구들은 나를 동정하며 내가 하루빨리 곤경에서 벗어나기를 기도해줄 것이다. 반면 나에게 불만이 있었던 사람들은 이때다 싶어 나에게 돌을 던지며 내가 영원히 일어나지 않기를 바랄 것이다. 그러므로 이럴 때일수록 겸손한 태도로 좋은 인연을 만들어야 하며, 악을 악으로 다스리는 경솔한 행동은 절대 삼가야 한다.

또 회사에서 벤치맨 취급을 받았다면 자신의 일을 소홀히 하지 말고 더 열심히 하는 모습을 어필하는 것도 중요하다. 자신에게 중요한 일이 주어지지 않았음을 불평하며 사소한 업무조차 제대로 처리하지 않는다면 사태는 더욱 악화되어 영원한 벤치맨 신세를 면할 수 없게 된다.

인내와 끈기는 벤치맨에게 가장 중요한 덕목이다. 인내는 패기보다 중요하다는 것을 깨닫고 무료함과 다른 사람의 따가운 시선을 참고 견뎌내야 최후의 승자가 될 수 있다.

물론 회사뿐 아니라 일상생활 속에서도 우리는 때로 있어도 그만, 없어도 그만인 벤치맨이 되곤 한다. 하지만 어떤 이유로 벤치맨이 되었든 이 시기를 자신의 정신력과 인내력을 연마하는 기회로 삼아야 한다. 그렇게 자신을 갈고닦다가 드디어 당신이 벤치맨에서 주전 선수로 호명되는 순간, 모든 것이 크게 달라질 것이다.

눈앞의
이익에
연연하지 마라

많은 사람이 즉각적인 보상만을 원하며, 자신의 미래를 위해서 눈앞의 이익을 놓치고 싶어 하지 않을 것이다. 하지만 세상에는 오랜 시간 공을 들여야 얻을 수 있는 것들이 많다. 예를 들어 당신이 돈 몇 푼 때문에 친구에게 얼굴을 붉힌다면 결국은 더 많은 것을 잃게 되는 것처럼 말이다. 그런데 사람들은 즉각적인 보상만을 추구하면 큰 피해를 입을 수 있다는 것을 알면서도 습관적으로 눈앞의 것을 탐하다가 결국 모든 것을 잃는 어리석은 실수를 범하기도 한다.

중국 산둥성(山東省)에는 고사리 생산기지가 있다. 이 지역에서는 고사리를 해외로 수출하는 것이 유일한 수입원이다. 원래는 고사리를 햇볕에 바짝 말린 후 포장하는 것이 원칙이지만, 햇볕에 말리려면 이틀이나 걸려서 마을 사람들은 이를 기다리지 못하고 고사리를 집으로 가져와 솥으로 굽기 시작했다. 굽고 난 후의 고사리는 겉은 말랐지만 물에 담가놔도 불어나지 않았다. 외국 기업들은 이를 알게 된 후, 절대 솥으로 말리지 말고, 반드시 햇볕에 말릴 것을 여러 번 경고했다. 마을 사람들 대부분이 그들의 충고를 따랐지만 여전히 몇몇 사람들은 고사리를 몰래 솥에 굽고 햇볕에 말린 고사리와 섞어서 포장했다.

얼마 지나지 않아 이 사실이 발각되자 외국 기업들은 단 하루 만에 이 지역 전체의 고사리 생산기지와 거래를 끊었다. 마을 사람들은 하룻밤 사이에 유일한 수입원을 잃고 뼈저린 후회를 했다.

눈앞의 이익에만 급급하다 보면 결국 자신뿐 아니라 주변 사람들에게도 피해를 줄 수 있다. 때로는 이보 전진을 위해 일보 후퇴하고 당장의 눈앞의 이익을 포기하면 그 자체로 다른 사람의 호감과 신뢰를 얻을 수 있다. 이는 앞으로 당신이 난관을 헤쳐나가는 데 큰 발판이 될 것이다.

당신의 눈앞에 깨 한 톨이 있다고 가정해보자. 당신이 그것을 씨앗으로 써야겠다고 생각하며 깨에 손을 뻗는 순간, 누군가 얼른 낚아채버렸다. 지금 당장은 깨를 얻지 못했지만 앞으로 계속 걸어가니 커다란 수박이 기다리고 있었다. 그런데 당신이 수박 앞에 다다랐을 때 또 다른 누군가가 수박을 가져갔다. 하지만 그렇다고 해서 절망할 필요는 없다. 비록 수박은 얻지 못했어도 앞에 더 좋은 것이 있을 수도 있으니 말이다. 아니나 다를까, 앞으로 계속 걸어가 보니 나무에 너무도 탐스러운 복숭아가 달려 있었다. 만약 당신이 복숭아를 따지 않고 더 걸어간다면 사랑하는 사람이 저만치에서 당신을 기다리고 있을지도 모른다.

이러한 마음가짐으로 인생의 득과 실을 바라보면, 우리는 더이상 눈앞의 이익만을 추구하지 않고, 눈앞의 손실이 미래의 수확이 될 수도 있다는 것을 깨닫게 될 것이다. 설사 마지막에 아무것도 얻지 못한다 해도 최소한 그 과정에서의 값진 경험만은 그 무엇과도 비교할 수 없을 것이다.

눈앞의 이익은 뚜렷이 보이기도 하고 만질 수도 있지만 그 이면에는 불길한 그림자가 드리워져 있다. 당장의 이익을 포기하고 타인을 배려하면 내실 있는 인간관계가 만들어져 위급한 상황에서 다른 사람의 도움을 얻을 수 있다.

자신의 목표를 멀리 두고 한 발 한 발 걷다 보면 과거에 내가 그토록 연연했던 이익은 훗날 얻을 것에 비해 참으로 보잘것없다는 것을 알게 될 것이다.

외로움을
버티는 자가
성공한다

때로 고요하고 깊은 밤이 되면 외로움이 물밀듯이 우리를 덮치곤 한다. 앞날이 너무도 막막하게 느껴져 모든 것을 포기하고 싶다는 생각도 든다. 실제로 누구나 이러한 감정을 느낄 때가 있지만 뚜껑을 열어보면 사실 아무것도 아닐 때가 많다. 그저 스스로 그 분위기에 갇혀 있었기 때문에 견딜 수 없는 외로움을 느낀 것이다.

외로움을 견딜 수 있는 사람만이 끝까지 버틸 수 있고 이로써 자신이 원하는 행복한 삶을 누릴 수 있다. 외로움은 누구나 겪어야 하는 시련이자, 자신의 인생에 대한 성찰이다. 우리는 외로움 속에서 내가 걸어왔던 길을 되돌아보고 성공을 향해 더 힘차게 달려갈 것을 다짐할 수 있다. 성공이란 외로움 버티기로 만들어지는 것이기 때문이다.

ᴄᴀꜱᴇ 세계적인 다이빙 스타로 알려진 중국의 궈징징(郭晶晶)은 다섯 살 때부터 다이빙을 시작해 열두 살에 대표팀에 합류했다. 그녀가 그렇게 큰 성과를 거둘 수 있었던 것은 외로움을 잘 견뎌냈기 때문이다.

그가 두각을 보이기 전, 푸밍샤(伏明霞)라는 선수가 중국 국가 다이빙계에서 독보적인 자리를 차지하고 있었다. 1996년, 15세의 궈징징은 올림픽에 처음 출전해 결승전에서 푸밍샤와 함께 경기를 했다. 궈징징은 긴장한 나머지 마지막에 실수를 하면서 푸밍샤에 지고 말았다. 그러나 그녀는 승패에 연연하지 않고 이번 올림픽이 자신에게 중요한 훈련의 기회였음을 깨달았다. 푸밍샤가 은퇴한 뒤 국가대표 다이빙팀의 새로운 일인자가 된 궈징징은 피나는 훈련을 통해 세계선수권대회와 월드컵 경기에서 금메달을 따냈지만 아쉽게도 올림픽 경기에서는 금메달을 얻지 못했다.

그러다 2000년 시드니 올림픽에 푸밍샤가 복귀하면서 궈징징은 결승전에서 그녀와 다시 한번 겨루게 되었다. 그러나 경기 전 충분한 준비를 했음에도 불구하고 그녀의 성적은 은메달에 그치고 말았다. 푸밍샤에게 연이어 패하자 궈징징은 굴욕감을 견디지 못하고 포기까지 생각했다. 하지만 결국 심리적 장애마저 극복한 그녀는 지난날의 설움을 잊고자 더 혹독한 훈련을 감행했다. 궈징징은 아무도 봐주는 사람 없이 혼자서 물속으로 뛰어들곤 했지만 그녀는 외로움을 묵묵히 견뎌냈다. 외로움을 잘 견뎌낸 덕에 그녀는 결국 훗날 최고의 업적을 이루며 세계를 뒤흔든 '다이빙 퀸'으로 우뚝 섰다.

사람들은 저마다 성공의 달콤함을 맛보는 상상을 하곤 하지만, 성공을 위해 견뎌야 하는 외로움 앞에서는 그저 속수무책이다. 외로움을 고립된 아픔이라고 여기고 이 감정에서 벗어나고자 발버둥치곤 한다. 그러나 외로움이야말로 자신을 발전시킬 수 있는 기회이다.

중국 알리바바 회장 마윈(馬雲) 역시 시작은 매우 험난했으며, 몇 평 되지 않는 허름한 집에서 살았다. 만약 그 당시 마윈이 외로움을 이기지 못하고 포기를 선택했다면 오늘날의 알리바바는 탄생하지 못했을 것이다.

　동서고금을 불문하고 위대한 업적을 이룬 모든 사람들은 외로움과 함께 성장했다. 유혹을 이겨내는 사람은 자신이 선택한 길을 꿋꿋하게 걸어갈 수 있고, 외로움을 동반자로 삼은 사람은 보다 가벼운 마음으로 성공을 향해 나아갈 수 있다. 외로움을 버티는 사람만이 진정한 승자라고는 할 수 없지만, 진정한 승자는 외로움을 버텨낸 사람임이 분명하다.

PART 10

나와 내 삶을

빛나게 해주는 태도

위기 상황에서
주도권을
쥐는 법

철 덩어리가 연마를 통해 뾰족한 바늘이 되듯, 평범함에서 탁월함을 만드는 것 역시 연마의 과정이 필요하다. 세상에 쉽게 얻어지는 성공이란 없으며 실패, 고통, 시련은 성공으로 가는 길에 반드시 거쳐야 할 통과의례이다. 마음을 다스려 인내로 무장하는 자만이 성공의 열쇠를 쥐게 된다는 것을 잊지 말자.

(case) 한 인쇄 회사가 새 장비를 들이고 나서 그동안 써왔던 오래된 장비를 팔기로 했다. 사장은 신중하게 생각한 후 잠정 가격을

2만 위안으로 매기고 이 가격의 타당성을 뒷받침할 만한 몇 가지 근거들을 생각해두었다.

그러던 어느 날, 마침내 누군가에게서 장비를 사겠다는 연락이 왔다. 사장은 구매자에게 장비를 살펴보라고 한 뒤, 본격적인 가격 협상을 시작했다. 그는 자신이 생각한 가격을 먼저 밝히지 않고 상대가 입을 열 때까지 조용히 기다렸다. 그러자 구매자는 장비가 낡았다고 말하면서 이런저런 사소한 결함을 들춰내기 시작했다. 사장은 그가 어떻게든 가격을 낮추려고 한다는 것을 눈치챘지만 그저 침묵을 지켰다. 그렇게 주절주절 말이 많던 구매자는 결심한 듯 단호하게 협상가를 제안했다.

"3만 5천 위안에 주시오. 그 이상은 안 됩니다."

이에 사장은 속으로 쾌재를 불렀지만 겉으로는 곤란한 척 머리를 긁적이다가 상대가 제시한 가격으로 장비를 팔았다.

초조한 사람은 침착한 사람 앞에서 실패할 가능성이 높다. 초조하고 불안한 마음에 휩싸이면 자신이 처한 상황을 객관적으로 판단할 여유가 없어서 차분하게 대책을 생각하지 못하고 결국 상대에게 빈틈을 보이기 때문이다.

(case) 최근 가구 가게를 개업한 W. 그런데 주변 업계의 경쟁이 너무 치열해서 장사가 뜻대로 되지 않았다. 그는 손님을 유치하기 위해 제품 가격을 파격적으로 낮춘 후, 가게를 방문하는 손님들에게 이렇게 홍보했다.

"우리 가게의 모든 가구들은 최고급 목재로 만들어졌으며, 가격도 무척 저렴하답니다."

고객은 주변 시세를 뻔히 알면서도 여전히 가격에 만족하지 못한다는 듯 말했다.

"조금 더 깎아줄 순 없나요?"

W는 고객이 시세를 전혀 모른다고 생각하고 순간 답답한 마음이 들었다. 아무리 상사가 안된다고 해도 손해 보는 장사를 할 수는 없지 않은가? 그는 억울한 마음에 손님을 붙잡고 하소연했다.

"다른 데 가서 한 번 물어보세요. 우리 가게의 가구가 제일 싸다니까요. 여기서 더 깎으면 전 밥 먹고 못삽니다."

손님은 원래 그의 가게를 조금 더 둘러보려 했지만 W의 푸념을 듣자 생각이 바뀌어 차갑게 돌아섰다.

논쟁에서 우위를 점하려면 먼저 마음을 가라앉히고 기회를 기다려야 한다. 상대가 초조해지기 시작하면 이제 주도권은 당신 손에 쥐어진 것이다. 그렇다면 주도권을 잡기 위한 구체적인 방법은 무엇일까?

첫째, 타이밍을 기다리자. 침착함을 유지하고 마음을 다스려 상대방이 어떤 수단과 방법을 쓴다 해도 태연함으로 일관해야 한다.

둘째, 타이밍이 왔을 때, 수세에서 공세로 전환하여 정확하게 공격하자. 이를 주식 투자와 같은 맥락에서 보자면, 어떤 사람들은 주식 시장의 작은 흔들림에도 크게 동요해 수중의 주식을 모두 팔아버리곤 하는데 이런 상황이 반복되면 영원히 이익을 얻지 못하게 된다. 주식 시장의 혼란 속에서도 평정심을 유지하며 자신의 소신을 지키는 사람만이 수익을 보장받을 수 있다.

모든 일의 주도권은 어떤 상황에서도 침착함을 유지하는 사람에게 주어진다는 사실을 기억하자.

명품보다
빛나는
내면의 멋

중국 인터넷에는 "내가 산 것은 명품이 아니라 신분이자 존엄이다!"라는 말이 유행하고 있다.

case Z는 패션 잡지사의 편집부에서 일하고 있다. 그녀의 월급은 3천위안이 채 안되지만, 친구들에게 자신의 패션 감각을 과시하기 위해 한 달에 한 번씩 명품을 구입하곤 했다. 친구들의 부러운 시선을 볼 때마다 Z는 큰 뿌듯함을 느꼈다.

어느 날, Z는 4천위안이 넘는 돈을 주고 신상 명품백을 장만했다. 그런데 가방을 사느라 월급을 탕진해버려서 최소한 두 달 동안은 친구에게 신세를 지고 살아야 했다. 그래도 그녀는 이에 개의치 않고 당당하게 말했다.

"가방은 옷이랑 다르게 매일 메고 다닐 수 있잖아. 시간이 지나도 유행도 안 타고 말이야. 그리고 그 가방을 메는 순간 나의 품격이 확 높아진다고. 정말 잘 산 것 같아."

요즘 사람들은 겉모습을 지나치게 중시하며 시간, 돈, 에너지를 쏟아가며 한마디로 우월한 삶 퍼포먼스를 한다. 하지만 자신의 허영심으로 가득 찬 풍선이 곧 터지기 일보 직전이라는 것은 자각하지 못한다. 대부분 '명품 한두 개쯤은 있어야 사람들 앞에서 기죽지 않지!'라고 생각하며 자신의 소비를 합리화시키곤 한다. 물론 경제적으로 여유롭다면 명품으로 과시욕을 채운다 해도 문제 될 건 없다. 하지만 평범한 직장인의 경우 기본적인 생활비를 충당하기도 바쁜데 자신의 허영심을 위해 명품을 사들이는 것은 그저 '허세'일 뿐이다.

명품으로 치장한 후 느끼는 우월감은 순간에 불과하다. 이로 인한 생활의 궁핍과 고통은 어찌 감당할 것인가. 아마도 누군가는 이렇게 말할지도 모른다.

"주변 친구들도 다 명품을 가지고 있어요. 명품이 없으면 뭔가 격이 떨어지는 것 같고 얼마나 체면 상하는데요!"

체면만 있으면 무거운 빚이 온몸을 짓누르는 고통 따윈 상관없단 말인가? 당신이 센스 있고 매력적이며, 유능하고 재능 있는 사람이라면 명품 없이도 충분히 멋있게 살 수 있다. 내면에서 흘러나오는 기품과 멋이 겉만 번지르르한 허울보다 더 빛나는 법이다.

타인의 시선을 지나치게 의식하고 외적인 허영에만 신경을 쓴다면 행복은 점점 멀어지고 마음도 말라버린다. 진정한 나의 인생을 사는 것이야말로 인생을 풍요롭게 만드는 지름길이다.

체면은
태도가
세우는 것이다

매년 졸업 시즌이 되면 구직 전쟁이 시작된다. '졸업 후 실업'이라는 비운의 주인공이 되는 것을 막기 위해서 모두들 바쁘게 움직인다. 학생들은 좀 더 안정적인 직장을 찾을 수 있도록 졸업도 하기 전에 모든 기반을 닦아놓는다.

실제로 이렇게 대학 시절을 스펙 쌓기에만 몰두한 학생들은 안정적이며 체면도 세울 수 있는 좋은 직장에 취직한다. 매일매일 도서관에 앉아 시간을 보내고, 영어 학원과 각종 스터디에 참여하느라 대학 시절에만 누릴 수 있는 즐거움은 누리지도 못한 채 말이다.

그런데 여기서, 당신이 생각하는 가장 체면 서는 직업은 무엇인가? 사람들은 이 질문에 공무원, 대학교수, 은행 직원, 대기업 직원 등과 같은 누구나 예상 가능한 대답을 할 것이다. 그러나 이 직업들과 체면과는 전혀 상관이 없다. '체면'은 직업으로 얻을 수 있는 것이 아닌, 직업에 대한 태도에서 나오는 것이기 때문이다.

자신이 하는 일은 체면이 서지 않는다고 생각하는 이유는 자신의 일에서 스스로 가치를 깨닫지 못했기 때문이다. 자신의 일을 스스로 얕잡아본다면 일에 몰입할 수 없고 업무 성과는 점차 떨어져 일에 대한 만족도는 계속 하락할 것이다.

사람들은 체면을 위해 좋은 일자리를 얻으려 아등바등하지만, 스스로의 가치를 충분히 증명할 수 있는 현재의 직장에서는 그만큼의 노력을 쏟지 않는다.

case 미국 독립기업연맹 대표인 잭 패리스는 어릴 적 아버지가 경영하시는 주유소에서 자동차 청소와 왁스칠과 같은 허드렛일부터 시작했다. 그런데 주유소 손님 중에 결벽증이 있는 한 노부인이 늘 패리스를 고생시키곤 했다. 패리스가 노부인의 차를 청소하고 나면 그녀는 언제나 차를 꼼꼼히 체크했고, 조금이라도 눈에 거슬리는 것이 보이면 작은 먼지 한 톨도 없을 때까지 다시 세차를 시켰다.

까다로운 손님들의 시중을 드는 일에 지친 패리스는 견디다 못해 아버지에게 이제 이 일을 그만 두겠다고 말했다. 그러자 그의 아버지는 그에게 단호하게 말했다.

"패리스, 그게 바로 너의 일이다. 손님이 어떤 말과 행동을 하든 너는 본분의 일을 하고 손님에게 늘 예의 바르게 대해야 한다."

프랑스 디자이너 피에르 가르뎅(Pierre Cardin)은 그의 직원들에게 "만약 여러분이 단추 하나를 기가 막히게 박는다면, 어설픈 옷 한 벌을 만드는 것보다 더 가치 있는 일을 하고 있는 겁니다"라고 말했다. 모든 일은 사회에서 꼭 필요한 기능을 갖고 있다. 체면은 직업이 세워주는 게 아니라 직업에 임하는 나의 태도로 세울 수 있는 것임을 잊지 말자.

자신에게 집중한
삶이
잘나가는 삶이다

우리 주변에는 실속 없는 허명(虛名)을 명예로 착각하여 이를 그 무엇보다 중요하게 생각하는 사람들이 많다. 하지만 허명은 내면의 욕망이자 헛된 망상으로 수많은 이들의 삶을 망치는 주범이다. 허명에 지나치게 집착하면 자신과 타인의 이익뿐 아니라 스스로를 다치게 할 수 있다.

중국 속담에 "유명해지면 시샘을 사기 쉽다"라는 말이 있다. 명예욕에 치우치다 보면 다른 사람의 질투와 증오의 불씨가 고스란히 자신을 향하게 되어 감당하기 힘든 외적 스트레스에 시달릴 수 있다. 또한 단지 허울뿐인 명예 때문에 친구, 형제를 불문하고 서로 반목하고 헐뜯기도 한다. 그러나 인내에 능하고 허명을 좇지 않는 사람은 타인의 인정과 존경을 받아 진정한 명성을 얻는다.

그럼에도 사람들은 허영심이 무의미하고 부질없다는 것을 알면서도 자신도 모르게 허영심을 좇는다. 그저 헛된 욕심에 불과한 허명 때문에 스스로를 지치게 하지 마라.

case S는 인구가 200명이 채 안 되는 작은 마을에 살고 있다. 마을 사람들은 봄에 농사를 짓고 가을에 수확하며 평온한 삶을 살고 있었다. 그러나 현실에 만족하지 못한 S는 사람들이 부러워할 만한 명예로운 인생을 꿈꾸며 늘 기회를 노렸다. 그래서 그는 소위 '잘나가는' 사람들에게 접근하기 위해 엄청난 돈과 에너지를 투자했다.

그러던 그는 최근 부동산 업계에서 이름난 사람들을 알게 되었다. 사람들은 S가 돈 때문에 그 사람들과 어울린다고 생각했지만 사실 그가 원한 것은 재물이 아닌 명예였다. 어느 날, 한 '잘나가는' 친구의 집들이에 S가 초대받게 되었다. 그는 호화로운 집에서 명성이 자자한 유명인들을 만나고 집에 돌아오자 자신

의 집이 한없이 초라하게 느껴졌다. 그래서 그는 새집을 지어야
겠다고 결심했다. 사실 이것은 원래 몇 년 후의 계획이었지만
자신의 체면을 위해 집 짓는 일이 가장 시급하게 느껴졌다. 그
러면 돈은 어떻게 조달한단 말인가? 문득 그의 머릿속엔 잘나
가는 친구들의 얼굴이 떠올랐지만 그는 이내 머리를 세차게 흔
들었다.

'아니야, 아니야. 내가 돈이 없다는 사실을 그 친구들이 알면 절
대 안 되지. 돈을 빌려달라고 하는 건 내 얼굴에 침을 뱉는 거나
다름없어.'

그래서 그는 밤새도록 머리를 굴려 기막힌 계획을 생각해냈다.
이튿날, 그는 마을에서 그나마 돈 좀 있는 삼촌을 찾아가 단도
직입적으로 말했다.

"삼촌, 제 친구 한 명이 사업을 하는데 여기에 투자하면 1년 이
율이 은행보다 몇 배는 높대요. 저도 좋은 기회다 싶어 이미 투
자금을 넣긴 했어요. 그런데 갑자기 삼촌 생각이 나더라고요.
이참에 돈 좀 벌어보시겠어요?"

삼촌은 S를 어릴 적부터 봐왔던 터라 두말하지 않고 그에게 5만
위안을 주었다. S는 이에 그치지 않고 마을 사람들에게도 똑같

은 수법을 썼고, 사람들은 너도나도 그동안 모은 종잣돈을 투자했다. 이로써 S는 순조롭게 자금을 마련하여 본격적으로 집짓기에 나섰다.

새하얀 벽에 붉은 기와를 올린 그의 대저택은 호화로움 그 자체였다. 이에 기세등등해진 S는 다른 친구들처럼 요란하게 집들이를 열어 흥청망청 돈을 썼다. 그렇게 시간이 지나고 어느덧 설날이 되자 그에게 돈을 주었던 사람들이 줄줄이 찾아와 배당금을 요구했다. 그러자 S는 돈을 벌기 위해 무리하게 온갖 대출을 받았고, 결국 도박에까지 손을 댔다. 불행히도 그는 얼마 남지 않은 전 재산을 몽땅 잃고 땅을 치며 뒤늦은 후회를 했다.

허영심을 좇는 사람들은 잘나가는 친구와 어울리면 자신의 체면이 선다고 생각하지만, 이는 그저 스쳐 지나가는 짧은 인연에 불과하다. 다른 사람 앞에서 체면을 내세우는 것은 자존감을 표현하는 방식이기도 하지만, 여기에만 매달려 현실에 맞지 않게 무리해서 좇다 보면 당신이 얻은 모든 것이 헛된 하룻밤의 꿈이었음을 알게 될 것이다.

사람은 누구나 크고 작은 허영심을 갖고 있기에 적정선을 지키는 것이 무엇보다 중요하다. 부질없는 허영심을 버리고 인내심을 유지하다 보면 오히려 뜻밖의 수확을 얻게 될 수도 있다. 빈껍데기 허영을 버리고 오롯이 자신에게 집중한 삶을 사는 것이야말로 진정 '잘나가는' 삶이 아닐까?

내 삶을
빛나게 해주는
보석을 찾아라

'있는 척' 허세를 부리면 잠시 잠깐 남들의 부러움을 살 수는 있지만, 조건이 여의치 않은 상태에서의 무리한 허세는 오히려 고생길을 자초하는 것이나 다름없다. 능력도 없는 사람이 남의 시선을 의식해서 큰소리쳐봤자 사람들이 그 능력을 알아줄 리 만무하다.

case 어느 외딴 시골에 가난한 집이 있었다. 이 집의 병든 노모는 장례를 치를 때 돈이 너무 많이 들까 봐 자신이 죽고 나면 장례식을 절대 하지 말라고 신신당부했다. 어머니가 돌아가시자 아들

은 어머니의 당부대로 장례를 치르지 않고 조용히 땅에 묻어드렸다. 그리고 얼마 후, 이 사실을 알게 된 친척들이 몰려와 아들에게 심한 욕설을 퍼부었다.

"너는 어머니의 장례비가 그리도 아깝더냐! 이 배은망덕한 놈 같으니라고!"

결국 아들은 그들의 성화에 못 이겨 '체면을 차리기 위해' 장례식을 치렀다. 친척들은 서럽게 울며 곡을 했다.

"이제야 우리의 체면이 좀 서는구나. 우리 어르신도 드디어 마음 편히 저승으로 가실 수 있을 거야."

그러나 아들은 장례식을 치르느라 무리한 빚을 떠안게 되었다.

허세에 빠진 사람들은 빚더미에 앉을지언정 지금 당장의 호의호식을 중요하게 생각한다. 그러나 이는 결국 또 다른 빚만 불러올 뿐이다. 물론 누구나 풍요로운 삶을 원한다. 큰 집에 살면서 고급차를 몰며 남들의 부러움을 받는 삶을 누가 마다하겠는가. 그러나 이런 삶은 실질적 경제력이 기반이 될 때 얻어지는 것이다.

자신의 현실을 마주하고, 지금 얻고자 하는 것들, 하고자 하는 것

들이 남들에게 보여지기 위한 것들은 아닌지 곰곰이 생각해보고 지금
부터라도 고생길을 자처하는 허세는 버리고, 현실 속에서 내 삶을 빛
나게 해줄 숨은 보석들을 찾아보자.

세상에서 가장 쉬운 감정 수업

초판 인쇄   2021년 2월 22일
초판 발행   2021년 3월 2일

지은이   장샤오헝
옮긴이   이지연
펴낸곳   다른상상

등록번호   제399-2018-000014호
전화   031)840-5964
팩스   031)842-5964
전자우편   darunsangsang@naver.com

ISBN   979-11-90312-29-5   03190

독자 여러분의 책에 관한 아이디어나 원고 투고를 설레는 마음으로 기다리고 있습니다.
이메일로 간단한 개요와 취지, 연락처를 보내주세요. 독자님과 함께하겠습니다.